STANDARD

IGBO

LANGUAGE

A Complete Guide to Learning and Speaking Igbo Language

Elisha O. Ogbonna

Standard Igbo Language: *A Complete Guide to Learning and Speaking Igbo Language* by Elisha O. Ogbonna

This book is written to provide educational and Igbo language learning information for beginners and intermediate learners.

ISBN:
978-1-7781320-5-6 (Hardcover)
978-1-7781320-4-9 (Paperback)
978-1-7781320-3-2 (eBook)

Produced by:
Prinoelio Press
For Igbo Learning Hub
E-mail: Igbolearninghub@gmail.com
https://www.Igbolearninghub.com

Table of Contents

Chapter Three

Chapter Four

Chapter Five

Chapter Twelve

Chapter Thirteen

Chapter Fourteen

Brief History of the Igbo Language

Igbo language traditionally known as Asụsụ Igbo is one of the largest languages of West Africa, spoken by about 27 million people in the world. It comprises over 20 dialects, though there has been an overall reduction in the variation or diversity of features in one or more dialects due to migration that led to assimilation, mixture, and merging of certain dialects, often by language standardization. This standardization appears dynamic with urban migration, business transactions, and school education. Igbo dialect speakers who moved to cities where central Igbo is spoken often adopted by learning to speak more of the central Igbo language. Igbo is the principal native language of the Igbo people, an ethnic group in West Africa. Research shows that the Igbo language is also spoken by the Benue-Congo group of the Niger-Congo language family.

A standard literary language was developed in 1972 based on the Owerri (Isuama) and Ụmụahịa (such as Ohuhu) dialects, though it omits the nasalization and aspiration of those varieties. Other Igbo-speaking communities can be found in Brazil, Jamaica, the USA, the Bahamas, Trinidad and Tobago, Sierra Leone, and Ghana.

The first book to publish Igbo words was History of the Mission of the Evangelical Brothers in the Caribbean (German: Geschichte der Mission der Evangelischen Brüder auf den Carabischen Inseln), which was published in 1777. Samuel Ajayi Crowther, a Yoruba priest, assisted by a young Igbo interpreter named Simon Jonas, produced a primer for the Igbo language in 1857 following the British Niger Expeditions of 1854 and 1857.

The language was standardized in church usage by the Union Ibo Bible (1916), shortly after completion Thomas John Dennis died in a shipping accident off the Welsh coast, but the Bible manuscript he was working on was reportedly washed ashore and found by a fisherman.

Central Igbo, the dialect form gaining the widest acceptance, is based on the dialects of two members of the Ezinifite group of Igbo in Central Owerri Province between the towns of Owerri and Ụmụahịa in Eastern Nigeria. It was gradually accepted by missionaries, writers, and publishers across the region from its proposal as a literary form in 1939 by Dr. Ida C. Ward, In 1972, the Society for Promoting Igbo Language and Culture (SPILC), a nationalist organization that saw Central Igbo as an imperialist exercise, set up a Standardization Committee to extend

Central Igbo to be a more inclusive language. Standard Igbo aims to cross-pollinate Central Igbo with words from Igbo dialects from outside the "Central" areas and with the adoption of loan words.[1]

The selected committee, chaired by Dr. S. E. Onwu, met at Owerri on Aug. 25, 1953, to evolve and compromise orthography. The four phonetic symbols in the new orthography were removed, but the suggestion to replace them with diacritical marks was rejected. All parties except SPILC were either satisfied or no longer interested in contesting the issue.

The eleven members of the Onwu Committee met on Sept. 13, 1961, at the W.T.C., Enugu. The Minister of Education warned them to reconsider the use of diacritical marks, in line with SPILC recommendations. They produced a pacifying orthography using diacritical marks to distinguish "light" and "heavy' vowels which, with other recommendations, brought to an end the 32-year-old controversy. All parties were satisfied and the Official Igbo Orthography, as recommended by the Onwu Committee, in 1961 became the central Igbo language.

In June 1962, the Government ordered all school principals to see that all tutors and students acquainted themselves with the official orthography. Everyone must use it, henceforth, in the teaching and studying of the language.[2]

Guide to Pronunciation

Igbo language pronunciation is a reflection of spelling and tonal markings. The pronunciation of each letter is subject to have precise and consistent rules of identifying the sound associated with that particular letter. Words are pronounced by adding together the sounds of each letter.

Vowels

Letter	Pronounced like	Examples
a	the *a* in apple and again	aka, akpa, Amerịka
e	the *e* in essay and eternal	ekwe, eke, egbe
I	the *i* in elise and *e* in easy	igbe, ikpere, imi
ị	the *ị* in iguana and *i* in inch	ịgba, ịchafụ, ịsha
•	the *o* in orange and owner	okwe, oke, okwu

[1] Wikipedia (accessed 2020, May 25, 2020) Igbo Language Retrieved from Wikipedia: https://en.wikipedia.org/wiki/Igbo_language

[2]Frances W. Pritchett,*A History of the Igbo Language*from Columbia University education http://www.columbia.edu/itc/mealac/pritchett/00fwp/igbo/igbohistory.html

ọ	the *or* in organ and corn	ọka, ọkwa, ọma
u	the *u* in rule and *oo* in tool	ukwe, ukwu, ugo
ụ	the *u* in furrowed and urchin	ụkwa, ụka, ụgba

Diagraphs

Letter	Pronounced like	Examples
ch	the *ch* in ouch and chum	ọcha, chukwu, ichie
gb	the *gb* is a linguistic letter	gbanye, ịgba, agbọ
gh	the *gh* is a linguistic letter	aghara, agha, ghọta
gw	the *gui* in linguine	gwongworo, egwu
kp	The *kp* is a linguistic letter	ekpere, ikpere, akpa
kw	the *que* in queenie	ekwe, akwa, ọkwa
nw	the *w* in winter	enwe, anwụ, ọnwụ
ny	the *ny* in new (BrE)	anya, anyanwụ, enyi
sh	the *sh* in shampoo	ịsha, ọsha, ashịrị

The pronunciation of diagraphs like gb, gh, and kp, whose English phonetic equivalent I could not provide, may be learned by listening to the sound of their pronunciations from my audiobook. You may also ask a proficient Igbo language speaker to help you with them.

Other consonants sound

Letter	Pronounced like	Examples
b	the *b* in bitter	ọbịa, ọbara, bọọlụ
d	the *d* in dig	ụdara, ọdachi, dabanye
f	the *f* in fish and fire	fọdụrụ, fopu, fechaa
g	the *g* in give and gate	gaa, ụgụrụ, gawa
h	the *h* in heat and height	ọha, hapụ, ọhụrụ
j	the *j* in jam and jean	jụrụ, jaachi, juputara
k	the *k* in kernel and keep	kedụ, onyeka, kasara
l	the *l* in latch and lean	lawa, lee, leta
m	the *m* in milk and mean	maka, mụrụ, ọmụmụ
n	the *n* in never and now	nọrọ, ọnọdụ, nnụnụ
ṅ	the *ng* in strong and song	aṅụrị, aṅụ, ọṅụ
p	the *p* in pillar and party	pụrụ, pụta, oporo
r	the *r* in reach and rain	rachaa, rụrụ, rie, họrọ
s	the *s* in salt, self and sight	soro, sịrị, jisike
t	the *t* in tea and attach	taa, teta, tinye

v	the *v* in the invite and vent	mvọ isi, nwanvọ
w	the *wea* in weather	kụwaa, were, wụrụ
y	the *y* in year and yield	yiri, ya, yọrọ,
z	the *z* in zebra and zion	zara, zụrụ, zoro

Tonal Accent Marks

The Igbo language is a tonal language with three distinctive tones, high, mid, and low. The following is the list of Igbo alphabets with their tonal accent marks. They are shown both in capital and small letters.

Tonal Marking (Diacritics)

Tonal markings also referred to as diacritical marks, are extra symbols that are placed above or below a letter to modify the pronunciation or to clarify the meaning of a word. Their usage in the Igbo language can be seen in the following

Examples:

Letter	Acute (High tone)	Macron (Mid tone)	Grave (Low tone)
a	Á á	Ā ā	À à

Examples:

ákwá	-	cry	[high tone – high tone]
àkwá	-	egg	[low tone – high tone]

Here are five tips that should help you perfect your pronunciation of words in Igbo language:

1. Begin with learning the alphabet's sounds.
2. Practice as many times as you can.
3. Try pronouncing three-lettered words starting by breaking the Igbo word down into sounds: For example, [a] + [k] + [a] = aka and so on.
4. Say it out loud and exaggerate the sounds until you can consistently produce them.
5. If possible, record yourself saying the word in full sentences, then watch yourself and listen.

According to Greg Thomson, "The only way to begin speaking a new language is to begin speaking badly."

Chapter One

Igbo Alphabet (Mkpụrụedemede Igbo)

1.1 Letters of Igbo Alphabet

There are thirty-six letters in the Igbo alphabet. Igbo alphabet is called in Igbo language Abịịdịị Igbo. The Abịịdịị Igbo used in this book is from Igbo Izugbe which is the central Igbo from Mazị Ọnwụ Committee. It has two forms: capital and small letters. See examples below.

Akara ukwu (capital letter):

A	B	CH	D	E	F	G	GB	GH	GW	H	I	Ị
J	K	KP	KW	L	M	N	Ṅ	NW	NY	O	Ọ	P
R	S	SH	T	U	Ụ	V	W	Y	Z			

Akara nta (small letter)

a	b	ch	d	e	f	g	gb	gh	gw	h	i	ị
j	k	kp	kw	l	m	n	ṅ	nw	ny	o	ọ	p
r	s	sh	t	u	ụ	v	w	y	z			

Igbo Alphabet and Their Inclusive Words

A	Aka (Hand)	**M**	Mmiri (Water)
B	Bọọlụ (Ball)	**N**	Nkịta (Dog)
CH	Chinchi (Bedbug)	**Ṅ**	Ṅụọ (Drink)
D	Dee (Write)	**NW**	Nwa (Baby)
E	Enyi (Elephant)	**NY**	Nye (Give)
F	Fee (Fly)	**O**	Osisi (Tree)
G	Gụọ (Read)	**Ọ**	Ọka (Corn)
GB	Gbanye (Pour)	**P**	Pọpọ (Pawpaw)

GH	Ghee (Fry)	**R**	Rie (Eat)
GW	Gwa (Tell)	**S**	Saa (Wash)
H	Hụọ (Roast)	**SH**	Ịsha (Crayfish)
I	Ite (Pot)	**T**	Torotoro (Turkey)
Ị	Ịgba (Drum)	**U**	Unere (Banana)
J	Ji (Yam)	**Ụ**	Ụlọ (House)
K	Iko (Cup)	**V**	Mvọ isi (Comb)
KP	Kpakpando (Star)	**W**	Kụwaa (Break)
KW	Kwụọ (Grind)	**Y**	Ịnyịnya (Horse)
L	Leta (Letter)	**Z**	Azịza (Broom)

1.2 Vowels and Consonants

Divisions of Alphabet (Nkeji nke Abiidii Igbo dị ụzọ abụọ):

1. Ụdaụme (vowel)
2. Mgbochiume (consonants)

UDAUME (Vowels)

Ụdaụme (Vowels): Unlike the English language, eight vowels make up the Igbo vowels. The letters that make up the Igbo vowels are:

a e i o u ị ọ ụ

Igbo vowels are divided into Ụdamfe (Light vowels) and Ụdaarọ (Heavy vowels):

ỤDAMFE (Light Vowel): a ị ọ ụ

ỤDAARỌ (Heavy Vowel): e I o u

Ụdamfe (Light vowels) are vowels that do have a dot under their letter and include the letter 'a'; on the other hand, Ụdaarọ (Heavy vowels) are vowels without a dot under its letter and include 'e'.

ỤDAMFE (Light Vowel): a ị ọ ụ

ỤDAARỌ (Heavy Vowel): e i o u

1.3 Vowel Harmony (Ndakọrịta Ụdaume Igbo)

Vowel harmony applies to heavy and light vowel syllabic combinations in words. It is a form of grammatical rule that Ụdamfe (Light vowels) usually consists of vowels of their syllables (such as a, ị, ọ, and ụ) in a word. They do not combine with Ụdaarọ (heavy vowel: e, i, o, and u) unless it is a compound verb or word.

Translation to Igbo

Ụdamfe na ụdaarọ anaghị anọkọ ọnụ n'ótù mkpụrụokwu. Ọ bụrụ na ụdamfe dị na mkpụrụokwu ọ bụ naanị mkpụrụụda ya pụrụ ịdị na mkpụrụokwu ahụ, etu ahụ ka ọ dịkwa n'ụdaarọ. Nke a ka a na-akpọ iwu na-achị ụdamfe na ụdaarọ.

Ọmụmaatụ:

Ụdamfe: Ụlọ (house). Ụka (church), Ọka (corn) etc.
Ụdaarọ: Osisi (Tree), Iko (cup), Ukwe (song) etc.

MGBOCHIUME (Consonants)

Mgbochiume (Consonants): there are twenty-eight consonants in the Igbo Alphabet. The letters that make up the consonants in the Igbo alphabet are:

b	ch	d	f	g	gb	gh	gw	h	j	k	kp
kw	l	m	n	ṅ	nw	ny	p	r	s	sh	t
v	w	y	z.								

The Igbo consonants are divided into two, namely mgbochiume nge (ordinary consonants), and mgbochiume mkpị (diagraphs).

A. Mgbochiume nge (consonant of "/g/" sound): These are consonants that are not Mgbochiume mkpị (diagraphs). Nineteen letters make up the consonant of the "/g/" sound which are:

b	d	f	g	h	j	k	l	m	n	ṅ	p
r	s	t	v	w	y	z.					

B. Mgbochiume mkpị (Diagraphs): These are consonants that are comprised of a combination of two consonant letters. There are nine digraphs in the Igbo alphabet. These are:

ch	gb	gh	gw	kp	kw	nw	ny	sh

It is of great importance to always remember that digraphs such as ch, gh, gb, kp, kw, and sh, do not count as double consonants and are pronounced as a single sound.

1.4 Vowel Assimilation and Vowel Elision

Assimilation is a sound change, where some phonemes (typically consonants or vowels) change to more similar other nearby sounds. This happens during pronunciation, especially, when someone takes the path of fewer obstacles. In English, examples include:

I don't know	/I duno/
Camera	/kamra/

This omission is often indicated in print by an apostrophe. In the English language, an example would be: 'fish 'n' chips'.

Vowel Assimilation (Olilo udaume): is the phenomenon by which the two vowels of two words sitting beside each other harmonize and pronounce with one sound as though it was one vowel present in those compound words.

Igbo translation: *Olilo ụdaume bụ etu ụdaume si eme ka ụdaume nodebere ya yie ya na mkpọpụta mkpụrụokwu abụọ nọdebere onwe ha.*

Examples:

English	*Igbo (Normal)*	*Asimilation*
Boss/Leader	Onye + isi	onyiisi
Strong hand	Aka + ike	akiike
Welldone	jisi + ike	jiisike

During Vowel Assimilation, two words that have two vowels letter sitting beside each other experiences a dropping of one: the condition is that the vowel which is "stronger" (greater pitch sound) will override the sound pronunciation of the "weaker" (lower pitch sound) vowel sound before it.

Regressive Assimilation (Olilo Azụ):

Backward dropping happens when the first vowel of the second outrides the sound pitchword of the first ending vowel pitch.

Igbo translation: *A na-enwe olilo azụ mgbe ụdaume bidoro okwu nke abụọ loro ụdaume kwụsịrị mkpụrụokwu nke mbụ.*

Compounnd word	*Igbo (Normal)*	*Pronunciation*
nwa + eke	nwaeke	nweke
oke + anụ	okeanụ	okanụ
anya + ukwu	anyaukwu	anyukwu
ada + obi	adaobi	adobi
uso + ekwu	usoekwu	usekwu
di + ike	diike	dike
di + ibịa	diibịa	dibịa

Vowel Elision (Ndapụ Ụdaume)

Vowel Elision is the omission of a vowel sound (a phoneme) in speech. Vowel elision often occurs in the Igbo compound words. Vowel elision happens when compound words with vowel ending and beginning sitting side by side are spoken together faster than normal.

Igbo translation: *Ndapụ ụdaume bụ ọpụpụ ótù ụdaume na mkpọpụta ụdaume abụọ nọkọtara ọnọ.*

The following are examples of elision of vowels that affect syllables because of the same pitch level they have. This is referred to as diachronic elision because it has affected two words.

English	*Igbo (Normal)*	*Dropping*
Male/man	nwa + oke	nwoke
Strong man	di + ike	dike
Kitchen	uso + ekwu	usekwu
Doctor	di + ibịa	dibịa

1.5 Consonant Elision (Ndapụ Mgbochiume)

Consonant Elision is the omission of one or more consonant sounds (a phoneme) in speech. Consonant elision often occurs in Igbo words with multiple consonant sounds. A consonant is dropped, when these words with one or more consonant sounds, are spoken faster than normal. Igbo translation: *Ndapụ mgbochiume na-apụta ihe mgbe mgbochiume dị na mkpụrụokwu dapụrụ ma a na-ekwu okwu ọsịịsọ.*

For example: the Handbag drops (assimilates) the consonant letter /d/ when pronounced faster as the *hanbag*.

English	*Normal*	*Elision*
Suffering	Afụfụ	Aụfụ
Question	Ajụjụ	Aụjụ
Story	Akụkọ	Aụkọ
Side	Akụkụ	Aụkụ
Book	Akwụkwọ	Aụkwọ
Prophesy	Amụma	Aụma
Broom	Azịza	Aịza
Dress code	Ejiji	Eiji
Tree	Osisi	Oisi
Belief/Faith	Okwukwe	Oukwe
Chicken	Ọkụkọ	Ọụkọ
Morning	Ụtụtụ	Ụụtụ

1.6 Pseudo Vowels /Nasalized Vowels/Sem-Vowels (Myiriụdaume)

Myiriụdaume (semi-vowel, pseudo-vowels, or nasalized vowels): These are consonants that are pronounced in a similar manner to which vowels are pronounced. Two letters make up mgbochiume (nasalized vowels) and they are:

m and n

The myiriụdaume (nasalized vowels) function like vowels in the words with them. Note that you cannot treat "n" as a nasalized vowel when it is in the form of a digraph, for example: ny, nw, or ñ.

ńnà - father
ńné - mother
ḿmā - good/beautiful
ḿmà - knife

1.7 Tonal Accent Marks (Diacritics)

Tone is a pitch accent. It is used in the Igbo language to show the different meanings of words though they are spelt the same. Tone performs syllabic stress and semantic functions in the Igbo language.

Tonal markings also referred to as diacritical marks, are extra symbols that are placed above or below a letter to modify the pronunciation or clarify the meaning of a word. In pronunciation, tone distinguishes the pitch level of a syllable. Their usage in the Igbo language can be seen in the following examples:

Letter	Acute (High tone)	Macron (Mid tone)	Grave (Low tone)
a	Á á	Ā ā	À à
e	É é	Ē ē	È è
I	Í í	Ī ī	Ì ì
ị	Ị́ ị́	Ī ī	Ị̀ ị̀
o	Ó ó	Ō ō	Ò ò
ọ	Ọ́ ọ́	Ọ̄ ọ̄	Ọ̀ ọ̀
u	Ú ú	Ū ū	Ù ù
ụ	Ụ́ ụ́	Ū ū	Ụ̀ ụ̀
m	Ḿ ḿ	M̄ m̄	M̀ m̀
n	Ń ń	N̄ n̄	Ǹ ǹ

Examples:

ákwá	-	cry	[high tone – high tone]
àkwá	-	egg	[low tone – high tone]
àkwà	-	bridge/bed	[low tone – low tone]
ákwà	-	cloth	[high tone – low tone]
ísí	-	head	[high tone – high tone]
ìsì	-	blindness	[low tone – low tone]
ísì	-	smell	[high tone – low tone]
ìsí	-	to cook	[low tone – high tone]
óké	-	male	[high tone – high tone]
òkè	-	portion	[low tone – low tone]
ókè	-	boundary	[high tone – low tone]
òké	-	rat/mouse	[low tone – high tone]
ńnà	-	father	[high tone – low tone]
ńné	-	mother	[high tone – high tone]
ḿmā	-	good	[high tone – mid tone]
ḿmà	-	knife	[high tone – low tone]

When "m" and "n" function as nasalized or pseudo-vowels in Igbo language, it means they can be expressed with tonal markings like other vowels. Therefore, they are pronounced with high, mid, or low tones.

In Igbo grammar, two consonants cannot follow each other, unlike other languages where consonant clusters exist. As a result, "m" or "n" sitting in front of another consonant are given tonal marking which makes it function as a pseudo vowel.

Examples:

ńnà – father [Acute – Grave]
ńné – mother [Acute – Accent]
ḿmā – good [Acute – Macron]
ḿmà – knife [Acute – Grave]

If a word ends with a vowel sound, and the word after it begins with a vowel sound, then the later word with a "stronger" vowel swallows the "weaker" vowel sound/the vowel sound before it.

Also, Tonal marking helps to distinguish the disambiguated phrases, clauses, and sentences that are otherwise similar in written expressions.

For example:

Ọ̀ dị̀ mmā. *It is good. (Declarative)*

Ọ́ dị̀ mmā? *Is it good? (Interrogative)*

Ọ́ dị́ mmā *If it is good (Conditional)*

EXERCISE

1. There are thirty-six letters of Igbo Alphabet

(a). How many letters are consonants? ________

(b). How many letters are vowels? ________

©. How many letters are diagraphs? ________

2. Explain the following terms:

(a). Vowel harmony (Ndakọrịta ụdaume)

(b). Vowel Assimilation (Olilo ụdaume)

©. Consonant Elision (Ndapụ mgbochiume)

---

3. Give three examples of each of the following.

(a). Vowel harmony (Ndakọrịta ụdaume)

(b). Progressive Asimilation (Olilo ihu)

©. Regressive Assimilation (Olilo azụ)

---

4. Define the following term

(a) Nasalized or pseudo vowel

(b) Tone marking

5. Give three examples of nasalized vowel

6. Provide two different meanings each in the following words using tone marking.
(a). oke
(b). akwa
©. isi

7. Give three examples of vowel assimilation

8. Explain the following terms:
(a). Light vowel (ụdamfe)

(b). Heavy vowel (ụdaarọ)

©. Consonant (mgbochiume)

9. Give three examples of each of the following.

(a). Light vowel (ụdamfe) ______________________________

(b). Heavy vowel (ụdaarọ) ______________________________

©. Consonant (mgbochiume) _____________________________

10. How many Igbo letters are in the following words?

(a). Nnekwu _________

(b). Ịnyịya _________

©. Mkpị _________

(d). Icheku _________

(e). Nduru _________

(f). Ewii _________

(g). Ebule _________

(h). Atụrụ _________

(i). Torotoro _________

(j). Ogwumaagana _________

Chapter Two

Common activities and actions verb phrases

2.1 Phrases that begin with "I am"; "Family"; "Go"; "Come; "Want":

"I am" is the beginning of many phrases in Igbo. Here are some examples:

I am happy.	Obi dị m ụtọ
I am sad.	Anọ m na nwute.
I am tired.	Ike gwụrụ m.
I am hungry.	Agụụ na-agụ m.
I am thirsty.	Mmiri na-agụ m.
I am excited.	Obi dị m anụrị.
I am nervous.	Ụjọ na-atụ m.
I am busy.	Ana m eme ihe.
I am free.	Anọ m nkịtị.
I am here.	Anọ m ebe a.
I am there.	Anọ m ebe ahụ.
I am at home.	Anọ m n'ụlọ.
I am at work.	Anọ m n'ọrụ.
I am at school.	Anọ m n'ụlọ akwụkwọ.
I am in the kitchen.	Anọ m n'usekwu.
I am in the living room.	Anọ m n'ime ụlọ.
I am in my room.	Anọ m n'ebe ndina ala m.
I am outside.	Anọ m n'èzí.
I am in the car.	Anọ m n'ime ụgbọala.
I am on the bus.	Anọ m na bọs/ụgbọala.

These phrases describe various states, locations, or conditions that someone may be experiencing. Practice using them to improve your Igbo language skills!

Phrases that include the word "family":

My family.	Ezinụlọ m.
His family.	Ezinụlọ ya.
Her family.	Ezinụlọ ya.
Our family.	Ezinụlọ anyị.
Your family.	Ezinụlọ gị.
A big family.	Ezinụlọ buru ibu.
A small family.	Obere ezinụlọ.
A happy family.	Ezinụlọ nwere obi ụtọ.
A loving family.	Ezinụlọ na-ahụ onwe ha n'anya.
A close-knit family.	Ezinụlọ jikọrọ ọnụ.
Family time.	Oge ezinụlọ.
Family dinner.	Nri abalị ezinụlọ.
Family vacation.	Ezumike ezinụlọ.
Family traditions.	Ọdịnala ezinụlọ.
Family culture	Omenala ezinụlọ.
Family gatherings.	Nzukọ ezinụlọ.
Family celebrations.	Mmemme aṅụrị ezinụlọ.
Family parties.	oriri.na ọñụnụ ezinụlọ.
Family members.	Ndị òtù ezinụlọ.
Family relationships.	Mmekọrịta ezinụlọ.
Family support.	Nkwado ezinụlọ.

These phrases involve expressions or descriptions related to the concept of family. Practice using them to enhance your Igbo language skills!

Phrases that begin with "go":

Go in.	Banye	*Go out.*	Pụọ apụ.
Go up.	Gbagoo.	*Go down.*	Gbadaa.
Go ahead.	Gaba n'ihu.	*Go away.*	Pụọ.
Go forward.	Gaba n'ihu.	*Go backward.*	Gaa azụ.
Go left.	Gaa aka ekpe.	*Go right.*	Gaa aka nri.
Go straight.	Gaa ogologo ihu.	*Go around.*	Gagharịa.
Go along.	(Gaa) sonyere.	*Go to sleep.*	Gaa rahụọ ụra.
Go for a walk.	Mee ngagharị.	*Go for it.*	Gaa maka ya.
Go to the park.	Gaa na ogige nnọkọ ahụ.	*Go to the beach.*	Gaa n'ụsọ osimiri.
Go home.	Laa ụlọ.	*Go to work.*	Gaa ọrụ.

Go to school.	Gaa ụlọakwụkwọ.	*Go to bed.*	Gaa lakpuo.
Go to the bathroom.	Gaa n'ụlọ ịsa ahụ.	*Go to the doctor.*	Gakwuru dọkịta.
Go to the library.	Gaa n'ọbaakwụkwọ.	*Go to the movies.*	Gaa n'ihe nkiri.
Go to the gym.	Gaa n'ebe mgbatị ahụ.	*Go shopping.*	Gaa zụta ihe.
Go to the bus stop.	Gaa n'ebe nkwụsị ụgbọala.	*Go to the store.*	Gaa na ụlọ ahịa.
Go to the train station.	Gaa n'ọdụ ụgbọoloko.	*Go to the mountains.*	Gaa n'ugwu.

More examples:

Go to the zoo.	Gaa n'ụlọ anụmanụ.
Go to the museum.	Gaa n'ụlọ ngosi nkà.
Go to the airport.	Gaa n'ọdụ ụgbọelu.
Go to the party.	Gaa na mmemme ahụ.
Go to the concert.	Gaa ebe egwunaimeọchị
Go to the countryside.	Gaa n'ime ime obodo.
Go to the restaurant.	Gaa na ụlọ oriri na ọṅụṅụ.

These phrases cover a variety of common activities and destinations, providing you with more vocabulary to use in different contexts. Practice using them to improve your Igbo skills!

Phrases that begin with "come":

Come here.	Bịa ebe a.	*Come in.*	Bata.
Come out.	Pụta.	*Come with me.*	Soro m.
Come back.	Laghachite azụ.	*Come over.*	Gafeta.
Come closer.	Bịa nso.	*Come downstairs.*	Gbadata ala.
Come upstairs.	Gbagote elu	*Come along.*	Bịa soro
Come on!	Bịanụ!	*Come see!*	Bịa hụrụ!
Come and eat.	Bịa rie nri.	*Come and play.*	Bịa gwuo egwu.
Come and sit.	Bịa nọrọ ala	*Come and talk.*	Bịa kwuo okwu.
Come and visit.	Bịa nleta.	*Come and join.*	Bịa sonye.
Come and help.	Bịa nyere aka.	*Come and meet.*	Bịa zute.
Come forward.	Bịa n'ihu.	*Come here, please.*	Biko bịa ebe a.
Come on in.	Bata.	*Come along with us.*	Bịa soro anyị.
Come join us.	Bịa sonyere anyị.	*Come back soon.*	Lọghachi ngwa ngwa.
Come over for dinner.	Bịa maka nri abalị.	*Come to the party.*	Bịa na mmemme ahụ.
Come to the meeting.	Bịa nzukọ ahụ.	*Come to the event.*	Bịa n'emume ahụ.
Come to the celebration.	Bịa mmemme.	*Come to the game.*	Bịa n'egwuregwu ahụ.
Come to the show.	Bịa na ihe ngosi ahụ.	*Come to the class.*	Bịa na klaasị.

Come to the festival.	Bịa na mmemme ahụ.	*Come to the beach.*	Bịa n'ụsọ osimiri.
Come to the ceremony.	Bịa na mmemme ahụ.	*Come to the village*	Bia n'ime obodo.
Come to the park.	Bịa na ogige nnọkụ ahụ.		

These phrases are commonly used in Igbo to invite someone, give directions, or indicate movement toward a location or action. Practice using them to become more comfortable with the language.

Phrases that include the word "want":

I want...	Achọrọ m...	*Do you want...?*	Ị chọrọ...?
What do you want?	Kedụ ihe ị chọrọ?	*I want to go...*	Achọrọ m ịla...
I want to eat...	Achọrọ m iri nri...	*I want to drink...*	Achọrọ m ịñụ...
I want to sleep...	A chọrọ m ịrahụ ụra...	*I want to play...*	Achọrọ m igwu egwu...
I want to watch...	Achọrọ m ikiri...	*I want to learn...*	Achọrọ m ịmụta...
I want to read...	Achọrọ m ịgụ ...	*I want to listen...*	Achọrọ m ige ntị...
I want to buy...	Achọrọ m ịzụta ...	*I want to see...*	Achọrọ m ịhụ...
I want to try...	Achọrọ m ịnwale...	*I want to visit...*	Achọrọ m ịga leta...
I want to meet...	Achọrọ m izute...	*I want to talk...*	Achọrọ m ikwu okwu...
I want to know...	Achọrọ m ịma...	*I want to help...*	Achọrọ m inyere...aka
I want to go home.	Achọrọ m ịla ụlọ.	*I want to go out.*	Achọrọ m ịpụ apụ.
I want to go to bed.	Achọrọ m ịlakpu ụra.	*I want to eat out.*	Achọrọ m ịpụ iri nri.
I want to drink water.	Achọrọ m ịñụ mmiri.	*I want to drink coffee.*	Achọrọ m ịñụ kọfị.
I want to drink tea.	Achọrọ m ịñụ tii.	*I want to drink juice.*	Achọrọ m ịñụ ihe ọñụñụ.

These phrases express desires, preferences, or intentions, and they are commonly used in Igbo conversations. Practice using them to express what you want or need in various situations.

2.2 Phrases that include the word "take"; "give"; "have"; "say"; "get"; and "make":

Take a seat.	Were oche.	*Take a break.*	Wee ezumike.
Take a deep breath.	Kuo ume miri emi.	*Take your time.*	Nye onwe gị oge.
Take my hand.	Jide m aka	*Take the next turn.*	Soro ntụgharị nke na-esote
Take a look.	Lee anya.	*Take this one.*	Were nke a.
Take it easy.	Jiri ya nwayọọ.	*Take care.*	Ledo onwe gị anya.
Take a photo/picture.	See foto	*Take out the trash.*	Wepụ ihe mkpofu ahụ.
Take notes.	Detuo ihe/ya.	*Take a guess.*	Kàà
Take a moment.	Were obere oge.	*Take a walk.*	Gegharịa
Take a hike.	Gaa ije elu	*Take a shower.*	Gaa saa ahụ.

Take a nap.	Rahụ obere ụra	*Take this thing*	Were ihe a

These phrases cover a range of common expressions and actions involving the word "take." Practice using them in different contexts to become more comfortable with the language.

Phrases that include the word "give":

Give me...	Nye m...
Can you give me...?	I nwere ike inye m...?
What can I give you?	Kedụ ihe m nwere ike inye gị?
Give it to me.	Nye m ya.
Give him/her.	Nye ya.
Give them.	*Nye* ha.
Give us.	Nye anyị.
Give them back.	Nyeghachi ha.
Give it back.	Nyeghachi ya.
Give me a hand.	Nyere m aka.
Give me a moment.	Nye m obere oge.
Give me a chance.	Nye m ohere.
Give me some time.	Nye m ụfọdụ oge.
Give me your attention.	Nye m uche gị.
Give me your opinion.	Nye m echiche gị.
Give me your phone number.	Nye m akara ekwentị gị.
Give me your address.	Nye m adreesị gị.
Give me your email.	Nye m email gị.
Give me your advice.	Nye m ndụmọdụ gị.
Give me a call.	Kpọọ n'ekwentị.
Give me a hug.	Makuo m.

These phrases involve requests, offers, or actions related to giving something to someone else. Practice using them to improve your Igbo communication skills!

Phrases that include the word "have":

I have...	Enwere m...
Do you have...?	I nwere...?
What do you have?	Kedụ ihe i nwere?
I have to go.	M kwesịri ịla.
I have to eat.	M kwesịri iri nri.
I have to sleep.	M kwesịri ihi ụra.
I have to study.	M kwesịri ịmụ ihe.

I have to work.	M kwesịri iri ịrụ ọrụ.
I have to finish.	M kwesịri imecha.
I have to leave.	M kwesịri ịpụ apụ.
I have a question.	Enwere m ajụjụ.
I have an idea.	Enwere m echiche.
I have a problem.	Enwere m nsogbu.
I have a suggestion.	Enwere m aro.
I have a friend.	Enwere m enyi.
I have a family.	Enwere m ezinụlọ.
I have a pet.	Enwere m anụ ụlọ.
I have a job.	Enwere m ọrụ.
I have a hobby.	Enwere m ihe m na-emekarịcha.
I have a dream.	M rọrọ nrọ.

These phrases involve possession, obligation, or stating what one has or needs to do. Practice using them to enhance your Igbo language skills!

Phrases that include the word "say":

Say hello.	Kwuo ndeewo.
Say goodbye.	Kwuo ka ọ dị.
Say please.	Kwuo biko.
Say thank you.	Kwuo daalụ.
Say sorry.	Kwuo ndo.
Say it again.	Kwuo ya ọzọ.
Say your name.	Kwuo aha gị.
Say something.	Kwuo okwu.
Say anything	Kwuo ihe ọbụla
Say yes.	Kwuo ee.
Say no.	Kwuo mba.
Say "I love you."	Kwuo "Ahụrụ m gị n'anya."
Say "I'm sorry."	Kwuo "O nwutere m/Ọ dị m nwute/Iwe ewena gị."
Say "I understand."	Kwuo "Aghọtara m."
Say "I don't know."	Kwuo "Amaghị m."
Say "Excuse me."	Kwuo "Cheregodi/Ka m bịagodi/Ka m gafeegodi."
Say "Can you help me?"	Kwuo "I nwere ike inyere m aka?"
Say "What's your name?"	Kwuo "Gịnị bụ aha gị?"
Say "How are you?"	Kwuo "Kedụ ka ị mere?"

Say "I'm fine, thank you."	Kwuo "Adị m mma, daalụ."
Say "Goodbye for now."	Kwuo "Ka ọ dịgodu."

These phrases involve expressions and requests involving the word "say." Practice using them to improve your Igbo language skills!

Phrases that include the word "get":

Get up.	Bilie ọtọ.
Get ready.	Jikere.
Get dressed.	Yiri uwe.
Get going.	Bido ịga.
Get out.	Pụta.
Get in.	Banye.
Get off.	Pụọ.
Get on.	Banye.
Get out of here.	Si ebe a pụọ.
Get out of my way.	Si n'ụzọ m pụọ.
Get a job.	(Gaa) Nweta ọrụ.
Get a haircut.	(Gaa) Kpụọ ntutu isi (gi).
Get some rest.	(Gaa) Nwee ezumike.
Get some sleep.	(Gaa) Hie/rahụ ụra.
Get some food.	(Gaa) Nweta/bute nri.
Get some water.	(Gaa) Nweta/kute mmiri.
Get some help.	(Gaa) Nweta enyemaka.
Get some advice.	(Gaa) Nweta ndụmọdụ.
Get some exercise.	(Gaa) Mee mgbatị ahụ.
Get some fresh air.	(Gaa) Nweta ikuku ọhụrụ.

These phrases involve actions or instructions related to getting ready, moving, or obtaining something. Practice using them to become more comfortable with the Igbo language!

Phrases that include the word "make":

Make a cake.	Mee achịcha.
Make a sandwich.	Mee achịcha awaị
Make breakfast.	Mee nri ụtụtụ.
Make lunch.	Mee nri ehihie.
Make dinner.	Mee nri abalị.

Make a phone call.	Kpọọ n'ekwentị.
Make a decision.	Mee mkpebi.
Make a plan.	Mee atụmaatụ.
Make a mistake.	Ime mmejọ/mmefie ihe
Make a friend.	Mee enyi.
Make a difference.	Mee ihe dị iche.
Make progress.	Mee ọganihu.
Make an effort.	Gbalịsie ike.
Make a wish.	Rịọ arịrịọ mmụọ.
Make a choice.	Mee nhọrọ.
Make a promise.	Kwee nkwa.
Make a statement.	Mee nkwupụta.
Make a suggestion.	Tunye arọ.
Make a reservation.	Debe iche.
Make an appointment.	Kanye/tinye oge.

These phrases involve actions or instructions related to creating, preparing, or organizing something. Practice using them to enhance your Igbo language skills!

2.3 Phrases that include the word "know"; "think"; "prepare"; "tell"; "call"; and feel:

I know.	Ama m.
Do you know...?	Ị mara...?
How do you know?	Kedụ ka i siri mara?
I don't know.	Amaghị m.
I know that.	Ama m nke ahụ.
I know how.	Ama m ka/etu.
I know where.	Ama m ebe.
I know when.	Ama m mgbe.
I know why.	Ama m ihe kpatara ya.
I know who.	Ama m onye.
I don't know what.	Amaghị m ihe.
I know a little.	Ama m ntakịrị.
I know a lot.	Ama m ọtụtụ.
I know someone.	Ama m onye.
I know something.	Ama m ihe.
I want to know.	Achọrọ m ịma.
I need to know.	Ekwesịrị m ịma. /Achọro m ịma.

I don't want to know.	Achọghị m ịma.
I don't need to know.	Ekwesịghị m ịma/Achọghị m ịma.
Let me know.	Mee ka m mara.

These phrases involve expressions of knowledge, understanding, or inquiries about knowing something. Practice using them to improve your Igbo language skills!

Phrases that include the word "think":

I think...	Eche m...
Do you think...?	I chere...?
What do you think?	Kedụ ihe i chere?
I don't think so.	Echeghị m.
I think you're right.	Eche m na i kwuru eziokwu.
I think you're wrong.	Eche m na i mejọrọ.
I think it's possible.	Eche m na ọ ga-ekwe omume.
I think it's impossible.	Eche m na ọ gaghị ekwe omume.
I think it's a good idea.	Eche m na ọ bụ ezi echiche.
I think it's a bad idea.	Eche m na ọ bụ echiche ọjọọ.
I think I understand.	Eche m na aghọtara m.
I think I don't understand.	Eche m na aghọtaghị m.
I think I know.	Eche m na ama m.
I think I don't know.	Eche m na amaghị m.
I think I remember.	Eche m na m na-echeta.
I think I forget.	Eche m na m chefuru.
I think I like it.	Eche m na ọ masịrị m.
I think I don't like it.	Eche m na ahụghị m ya n'anya.
I think I need help.	Eche m na achọrọ m enyemaka.
I think I can do it.	Eche m na m nwere ike ime ya.

These phrases involve expressions of opinions, beliefs, or considerations about something. Practice using them to enhance your Igbo language skills!

Phrases that include the word "prepare":

Prepare breakfast.	Kwado nri ụtụtụ.
Prepare lunch.	Kwado nri ehihie.
Prepare dinner.	Kwado nri abalị.
Prepare a meal.	Kwado nri.

Prepare a snack.	Kwado snak.
Prepare a drink.	Kwado ihe ọṅụṅụ.
Prepare a presentation.	Kwado ihe ngosi.
Prepare for a test.	Kwado maka nnwale.
Prepare for a meeting.	Kwado maka nzukọ.
Prepare for an interview.	Kwado maka ajụjụ ọnụ.
Prepare for a trip.	Kwado maka njem.
Prepare for a party.	Kwado maka mmemme.
Prepare for an event.	Kwado maka emume.
Prepare for a performance.	Kwado maka ihe omume.
Prepare for a presentation.	Kwado maka ihe ngosi.
Prepare for the future.	Kwado maka ọdịnihu.
Prepare your resume.	Kwado resume gị
Prepare your clothes.	Kwado uwe gị.
Prepare your luggage.	Kwado akpa gị.
Prepare your documents.	Kwado mpempe akwụkwọ gị.

These phrases involve actions or instructions related to getting ready or organizing something in advance. Practice using them to improve your Igbo language skills!

Phrases that include the word "tell":

Tell me...	Gwa m...
Can you tell me...?	I nwere ike ịgwa m...?
What can you tell me?	Kedụ ihe i nwere ike ịgwa m?
What do you have to tell me?	Kedụ ihe i nwere ịgwa m?
Tell him/her/them.	Gwa ya/ya/ha.
Tell us.	Gwa anyị.
Tell me more.	Gwakwuo m.
Tell me about it.	Gwa m maka ya.
Tell me a story.	Kọrọ m akụkọ.
Tell me a joke.	Gwa m ihe ọchị/ maara m njakịrị.
Tell me a secret.	Gwa m ihe nzuzo.
Tell me your name.	Gwa m aha gị.
Tell me your age.	Gwa m afọ ole ị dị.
Tell me your address.	Gwa m adreesị gị.
Tell me your phone number.	Gwa m nọmba ekwentị gị.
Tell me your favorite.	Gwa m ihe ị kara hụ n'anya/Gwa m ọkacha amasị gị.

Tell me what you think.	Gwa m ihe i chere.
Tell me how you feel.	Gwa m etú ọ dị gị.
Tell me where you're from.	Gwa m ebe i si.
Tell me when you'll be here.	Gwa m mgbe ị ga-anọ/eru ebe a.
Tell me why you did that.	Gwa m ihe mere i ji mee ihe ahụ.

These phrases involve requests, inquiries, or actions related to conveying information or sharing experiences. Practice using them to improve your Igbo language skills!

Phrases that include the word "call":

Call me.	Kpọọ m.
Can you call me...?	I nwere ike ịkpọ m...?
I'll call you.	Aga m akpọ gị.
Call him/her/them.	Kpọọ ya/ya/ha.
Call us.	Kpọọ anyị.
Call back.	Kpọghachi.
Call later.	Kpọọ ma emechaa.
Call now.	Kpọọ ugbua./Kpọọ kịta
Call someone.	Kpọọ mmadụ.
Call a doctor.	Kpọọ dọkịta.
Call the police.	Kpọọ onye uwe ojii.
Call a taxi.	Kpọọ tagzi.
Call for help.	Kpọọ maka enyemaka.
Call for assistance.	Kpọọ maka enyemaka.
Call customer service.	Kpọọ ndị ọrụ nlekọta ndị ahịa.
Call a friend.	Kpọọ enyi gị.
Call a meeting.	Kpọọ nzukọ.
Call a timeout.	Kwuo oge nkwụsị.
Call it a day.	Ka ọdị/Ka emechaa

These phrases involve actions or instructions related to making a phone call or summoning someone or something. Practice using them to enhance your Igbo language skills!

Phrases that include the word "feel":

I feel...	Ana m enwe mmetụta...
How do you feel?	Kedụ ka ị dị?
What do you feel?	Kedụ mmetụta i nwere?

I feel happy.	Enwere m obi ụtọ.
I feel sad.	Ọ na-ewute m.
I feel tired.	Ike gwụrụ m.
I feel excited.	Enwere m obi ụtọ.
I feel nervous.	Ụjọ na-atụ m.
I feel calm.	Obi ruru m ala.
I feel anxious.	Enwere m nchekasị
I feel stressed.	Ike gwụrụ m.
I feel bored.	Owu kọrọ m.
I feel interested.	Enwere m mmasị.
I feel curious.	Enwere m mmasị ịmata.
I feel hungry.	Agụụ na-agụ m.
I feel thirsty.	Akpịrị na-kpọ m nkụ/Mmiri na-agụ m.
I feel cold.	Oyi na-atụ m.
I feel hot.	Okpomọkụ ji m.
I feel comfortable.	Ahụ ruru m ala.
I feel uncomfortable.	Ahụ erughi m ala.

These phrases involve expressions of emotions, sensations, or physical states. Practice using them to improve your Igbo language skills!

2.4 Phrases that include the word "bring"; "open"; "close"; "start"; "stop"; and "follow":

Bring me...	Wetara m...
Can you bring me...?	I nwere ike iwetara m...?
Bring it here.	Weta ya ebe a.
Bring it to me.	Wetara m ya.
Bring it back.	Weghachite ya.
Bring it with you.	Were ya bịa
Bring it along.	Were ya bịa
Bring your friend.	Dute/Kpọta enyi gị.
Bring your family.	Dute/Kpọta ezinụlọ gị.
Bring your pet.	Kpọta anụ ụlọ gị.
Bring your umbrella.	Weta nche mmiri gị.
Bring your coat.	Weta uwe elu gị.
Bring your backpack.	Weta akpa azụ gị.
Bring your laptop.	Weta laptọọpụ gị.

Bring your phone.	Weta ekwentị gị.
Bring some water.	Weta/Kute mmiri.
Bring some food.	Weta/Bute nri.
Bring some snacks.	Weta snak ụfọdụ.
Bring some books.	Weta akwụkwọ ụfọdụ.
Bring some supplies.	Weta ụfọdụ akụrụngwa.

These phrases involve requests or instructions related to bringing something or someone. Practice using them to enhance your Igbo language skills!

Phrases that include the word "open":

Open the door.	Mepee/Meghe ụzọ.
Can you open this?	I nwere ike imepe/imeghe nke a?
Open your eyes.	Mepee/Meghee anya gị.
Open your mouth.	Mepee ọnụ gị.
Open your hand.	Mepee/Meghee aka gị.
Open the window.	Mepee/Meghee mbo ahụ.
Open the curtains.	Mepee/Meghee ákwà mgbochi ahụ.
Open the book.	Mepee/Meghee akwụkwọ ahụ.
Open the box.	Mepee/Meghee igbe ahụ.
Open the bag.	Mepee/Meghee akpa ahụ.
Open the package.	Mepee/Meghee ngwugwu ahụ.
Open the envelope.	Mepee/Meghee envelopu ahụ.
Open the fridge.	Mepee/Meghee ígwè nju oyi ahụ.
Open the drawer.	Mepee/Meghee drọwa ahụ.
Open the cupboard.	Mepee/Meghee kabọọdụ ahụ.
Open the bottle.	Mepee/Meghee karama ahụ.
Open the jar/can	Mepee/Meghee ja/kanụ ahụ.
Open the file.	Mepee/Meghee faịlụ ahụ.

These phrases involve instructions or requests related to opening something. Practice using them to improve your Igbo language skills!

Phrases that include the word "close":

Close the door.	Mechie ụzọ.
Can you close this?	I nwere ike imechi ihe a?
Close your eyes.	Mechie anya gị.

Close your mouth.	Mechie ọnụ gị.
Close your hand.	Mechie aka gị.
Close the window.	Mechie mbo ahụ.
Close the curtains.	Mechie ákwà mgbochi ahụ.
Close the book.	Mechie akwụkwọ ahụ.
Close the box.	Mechie igbe ahụ.
Close the bag.	Mechie akpa ahụ.
Close the package.	Mechie ngwugwu ahụ.
Close the envelope.	Mechie envelopu ahụ.
Close the fridge.	Mechie ígwè nju oyi ahụ.
Close the drawer.	Mechie drọwa ahụ
Close the cupboard.	Mechie kabọọdụ ahụ.
Close the bottle.	Mechie karama ahụ.
Close the jar/can.	Mechie karama ngwanri ahụ.
Close the laptop.	Mechie laptọọpụ ahụ.
Close the file.	Mechie faịlụ ahụ.

These phrases involve instructions or requests related to closing something. Practice using them to enhance your Igbo language skills!

Phrases that include the word "start/turn on":

Start now.	Bido/Malite/Gbanye ugbua/kịtaa.
Can we start?	Anyị enwere ike ibido/ịmalite?
Let's start.	Ka anyị bido/malite.
Start the car.	Gbanye ụgbọala ahụ.
Start/turn on the engine.	Gbanye injin ahụ.
Start/turn on the computer.	Gbanye kọmputa ahụ.
Start/turn on the machine.	Gbanye ígwè ahụ.
Start the game.	Bido egwuregwu ahụ.
Start the music.	Gbanye egwu ahụ.
Start the movie.	Gbanye ihe nkiri ahụ.
Start the video.	Gbanye ihe oyooyo ahụ.
Start the meeting.	Bido nzukọ ahụ.
Start the presentation.	Malite ihe ngosi ahụ.
Start the project.	Malite ọrụ ahụ.
Start the task.	Bido ọrụ ahụ.
Start the timer.	Gbanye/Tinye ngụ oge ahụ.

Start the clock.	Gbanye/Tinye elekere ahụ.
Start the stopwatch.	Gbanye elekere ngụ oge ahụ.
Start the process.	Malite usoro omume ihe ahụ.
Start over.	Bido n'isi.

These phrases involve instructions, requests, or actions related to beginning something. Practice using them to improve your Igbo language skills!

Phrases that include the word "stop":

Stop now.	Kwụsị ugbua/Kitaa.
Can you stop?	I nwere ike ịkwụsị?
Let's stop.	Ka anyị kwụsị.
Stop the car.	Kwụsị ụgbọala ahụ
Stop the engine.	Kwụsị injin ahụ.
Stop the computer.	Kwụsị kọmputa ahụ.
Stop the machine.	Kwụsị ígwè ahụ.
Stop the game.	Kwụsị egwuregwu ahụ.
Stop the music.	Kwụsị egwu nkwa ahụ.
Stop the movie.	Kwụsị ihe nkiri ahụ.
Stop the video.	Kwụsị vidiyo ahụ.
Stop the meeting.	Kwụsị nzukọ ahụ.
Stop the presentation.	Kwụsị ihe ngosi ahụ.
Stop the project.	Kwụsị ọrụ ahụ.
Stop the task.	Kwụsị ọrụ ahụ.
Stop the timer.	Kwụsị ngụ oge ahụ.
Stop the clock.	Kwụsị elekere ahụ.
Stop the stopwatch.	Kwụsị elekere ngụ oge ahụ.
Stop the process.	Kwụsị usoro omume ihe ahụ.
Stop right there.	Kwụsị ebe ahụ.

These phrases involve instructions, requests, or actions related to ceasing something. Practice using them to enhance your Igbo language skills!

Phrases that include the word "follow":

Follow me.	Soro m.
Can you follow me?	I nwere ike iso m?
Let's follow them.	Ka anyị soro ha.

Follow the path.	Soro ụzọ ahụ.
Follow the instructions.	Soro ntuziaka ahụ.
Follow the rules.	Soro iwu ahụ.
Follow the leader.	Soro onye ndu ahụ.
Follow the plan.	Soro atụmaatụ ahu.
Follow the map.	Soro map ahụ.
Follow the signs.	Soro akara ahụ.
Follow the crowd.	Soro ìgwé mmadụ ahụ.
Follow the recipe.	Soro ụzọ mmeputa ihe ahụ.
Follow the guidelines.	Soro ntuziaka ahụ.
Follow the schedule.	Soro usoro atụmaatụ ihe omume ahụ.
Follow the directions.	Soro ntuziaka ahụ.
Follow the advice.	Soro ndụmọdụ ahụ.
Follow the example.	Soro ọmụmaatụ ahụ.
Follow the trend.	Soro ihe na-ewu
Follow your dreams.	Soro ihe ị chọrọ ịbụ.
Follow your heart.	Soro ebumnobi/echiche obi gị.

These phrases involve instructions, requests, or actions related to following someone or something. Practice using them to improve your Igbo language skills!

2.5 Phrases that include the word "change"; "wash"; "pay"; "stand"; "understand"; and "remember":

Change clothes.	Gbanwee uwe.
Change your mind.	Gbanwee obi gị.
Change your plans.	Gbanwee atụmaatụ gị.
Change your habits.	Gbanwee àgwà gị.
Change your attitude.	Gbanwee àgwà gị.
Change your behavior.	Gbanwee omume gị.
Change your approach.	Gbanwee ụzọ gị.
Change your perspective.	Gbanwee echiche gị.
Change your focus.	Gbanwee ebe lekwasị anya gị.
Change your routine.	Gbanwee usoro ihe omume gị.
Change your schedule.	Gbanwee usoro atụmaatụ ihe omume gị.
Change your direction.	Gbanwee ntụzịaka gị.
Change your strategy.	Gbanwee atụmaatụ gị.
Change your position.	Gbanwee ọnọdụ gị.

Change your opinion.	Gbanwee echiche gị.
Change your environment.	Gbanwee gburugburu ebe obibi gị.
Change your lifestyle.	Gbanwee ụzọ ndụ gị.
Change your hairstyle.	Gbanwee isi ị mere.
Change your address.	Gbanwee adreesị gị.
Change your phone number.	Gbanwee nọmba ekwentị gị.

These phrases involve actions or instructions related to altering something. Practice using them to improve your Igbo language skills!

Phrases that include the word "wash":

Wash your hands.	Saa aka gị.
Wash your face.	Saa ihu gị.
Wash your hair.	Saa ntutu gị.
Wash your body.	Saa ahụ gị.
Wash the dishes.	Saa efere.
Wash the clothes.	Saa akwa.
Wash the car.	Saa ụgbọala.
Wash the windows.	Saa mbo
Wash the floor.	Saa ala ụlọ
Wash the table.	Saa tebụl.
Wash the vegetables.	Saa akwụkwọ nri.
Wash the fruits.	Saa mkpụrụosisi.
Wash the utensils.	Saa ngwaọrụ usekwu.
Wash the towels.	Saa akwa nhicha ahụ.
Wash the sheets.	Saa akwa mkpuchi akwa.
Wash the blankets.	Saa akwa mkpuchi.
Wash the curtains.	Saa ákwà mgbochi ahụ.
Wash the pets.	Saa anụ ụlọ ahụ.
Wash the toys.	Saa ihe egwuregwu ụmụaka.
Wash the brush.	Saa bụrọshị.

These phrases involve actions or instructions related to cleaning something. Practice using them to enhance your Igbo language skills!

Phrases that include the word "pay":

Pay the bill.	Kwụọ ụgwọ ahụ.

Pay for groceries.	Kwụọ ụgwọ ngwa nri.
Pay for dinner.	Kwụọ ụgwọ nri abalị.
Pay for lunch.	Kwụọ ụgwọ nri ehihie.
Pay for breakfast.	Kwụọ ụgwọ nri ụtụtụ.
Pay for the ticket.	Kwụọ ụgwọ tiketi ahụ.
Pay for the movie.	Kwụ ụgwọ ihe nkiri ahụ.
Pay for the concert.	Kwụọ ụgwọ mmemme ahụ.
Pay for the hotel.	Kwụọ ụgwọ hotelụ ahụ.
Pay for the rent.	Kwụọ ụgwọ ụlọ.
Pay for the utilities.	Kwụọ ụgwọ akụrụngwa.
Pay for the car.	kwụọ ụgwọ ụgbọala.
Pay for the gas.	Kwụọ ụgwọ mmanụ ụgbọala.
Pay for the insurance.	Kwụọ ụgwọ inshọransị
Pay for the tuition.	Kwụọ ụgwọ nkuzi ahụ.
Pay for the books.	Kwụọ ụgwọ akwụkwọ.
Pay for the clothes.	Kwụọ ụgwọ akwa.
Pay for the phone.	Kwụọ ụgwọ ekwentị ahụ.
Pay for the internet.	Kwuo maka ịntanetị/efere mba ụwa.
Pay for the subscription.	Kwụ ụgwọ sọbskirishọn.

These phrases involve actions or instructions related to providing money in exchange for goods or services. Practice using them to enhance your Igbo language skills!

Phrases that include the word "stand":

Stand up.	Bilie/Kwụrụ ọtọ.
Can you stand up?	I nwere ike ibili ọtọ?
Let's stand up.	Ka anyị bilie ọtọ.
Stand still.	Guzoro/Kwụrụ ótù ebe.
Stand here.	Guzoro/Kwụrụ ebe a.
Stand there.	Guzoro/Kwụrụ ebe ahụ.
Stand next to me.	Guzoro/Kwụrụ n'akụkụ m.
Stand in line.	Guzoro/Kwụrụ n'ahịrị.
Stand by.	Guzoro/Kwụrụ nso.
Stand aside.	Kpụzụga n'akụkụ.
Stand back.	Kwụrụ n'azụ/Gachigha azụ.
Stand on one leg.	Guzoro n'ótù ụkwụ.
Stand on two legs.	Guzoro n'ụkwụ abụọ.

Stand tall.	Guzoro/Kwụrụ ọtọ.
Stand proud.	Guzosie ike.
Stand strong.	Guzosie ike.
Stand firm.	Guzosie ike.
Stand together.	Guzokọta ọnụ.
Stand apart.	Guzoro/Kwụrụ iche
Stand out.	Kwụpụta.

These phrases involve instructions, requests, or actions related to being in a standing position. Practice using them to improve your Igbo language skills!

Phrases that include the word "understand":

I understand.	Aghọtara m.
Do you understand?	Ị ghọtara?
Can you understand...?	I nwere ike ịghọta...?
I don't understand.	Aghọtaghị m.
I understand now.	Aghọtara m ugbua.
I understand the instructions.	Aghọtara m ntuziaka ahụ.
I understand the concept.	Aghọtara m echiche ahụ.
I understand the problem.	Aghọtara m nsogbu ahụ.
I understand the situation.	Aghọtara m ọnọdụ ahụ.
I understand the question.	Aghọtara m ajụjụ a.
I understand the importance.	Aghọtara m mkpa ọ dị.
I understand the difficulty.	Aghọtara m ihe isi ike ahụ.
I understand the details.	Aghọtara m nkọwa ahụ niile.
I understand the rules.	Aghọtara m iwu ahụ.
I understand the reasons.	Aghọtara m ihe kpatara ya.
I understand the process.	Aghọtara m usoro a.
I understand the language.	Aghọtara m asụsụ ahụ.
I understand the topic.	Aghọtara m isiokwu ahụ.
I understand the meaning.	Aghọtara m ihe ọ pụtara.
I understand the implications.	Aghọtara m ihe si na ya pụta.

These phrases involve expressions or inquiries related to comprehension or acknowledgment of something. Practice using them to improve your Igbo language skills!

Phrases that include the word "remember":

Remember me.	Cheta m.
Can you remember...?	I nwere ike icheta...?
I remember.	Echetara m.
Do you remember?	I chetara?
I can't remember.	Enweghị m ike icheta.
I remember now.	Echetara m ugbua.
I remember the name.	Echetara m aha ahụ.
I remember the place.	Echetara m ebe ahụ.
I remember the date.	Echetara m ụbọchị ahụ.
I remember the time.	Echetara m oge ahụ.
I remember the event.	Echetara m ihe omume ahụ.
I remember the moment.	Echetara m oge ahụ.
I remember the details.	Echetara m nkọwa ahụ niile.
I remember the conversation.	Echetara m mkparịtaụka ahụ.
I remember the story.	Echetara m akụkọ ahụ.
I remember the song.	Echetara m egwu ahụ.
I remember the lyrics.	Echetara m okwu egwu ahụ.
I remember the melody.	Echetara m ụda ụtọ egwu ahụ.
I remember the experience.	Echetara m ahụmahụ ahụ.
I remember the feeling.	Echetara m mmetụta ahụ.

These phrases involve expressions or inquiries related to recalling or retaining information or memories. Practice using them to enhance your Igbo language skills!

2.6 Phrases that include the word "consider"; "love"; "wait"; "decide"; and "accept":

Consider this.	Tulee ihe a.
Can you consider...?	I nwere ike itule...?
Let's consider.	Ka anyị tulee.
Consider the options.	Tulee nhọrọ ndị ahụ.
Consider the possibilities.	Tulee ihe ndI nwere ike ime.
Consider the alternatives.	Tulee ihe ndị ọzọ.
Consider the consequences.	Tulee ihe ga-esi na ya pụta.
Consider the implications.	Tulee ihe ọ ga pụta.
Consider the benefits.	Tulee uru ọ bara.
Consider the risks.	Tulee ihe ize ndụ ndị dị na ya.
Consider the advantages.	Tulee uru ndị dị na ya.
Consider the disadvantages.	Tulee ọghọm ndị dị na ya.

Consider the factors.	Tulee ihe ndị a.
Consider the circumstances.	Tulee ọnọdụ ndị ahụ.
Consider the opinions.	Tulee echiche ndị ahụ.
Consider the suggestions.	Tulee aro ndị ahụ.
Consider the feedback.	Tulee nzaghachi ahụ.
Consider the recommendations.	Tulee ndụmọdụ ndị a.
Consider the outcomes.	Tulee ihe ga-esi na ya pụta.
Consider the results.	Tulee ihe si na ya pụta.

These phrases involve requests, instructions, or actions related to contemplating or evaluating something. Practice using them to improve your Igbo language skills!

Phrases that include the word "love":

I love you.	Ahụrụ m gị n'anya.
I love my family.	Ahụrụ m ezinụlọ m n'anya.
I love my friends.	Ahụrụ m ndị enyi m n'anya.
I love my pet.	Ahụrụ m anụ ụlọ m n'anya.
I love my job.	Ahụrụ m ọrụ m n'anya.
I love my hobby.	Ahụrụ m ihe omume ntụrụndụ m n'anya.
I love music.	Ahụrụ m egwu n'anya.
I love movies.	Ahụrụ m ihe nkiri n'anya.
I love books.	Ahụrụ m akwụkwọ n'anya.
I love nature.	Ahụrụ m ihe okike n'anya.
I love animals.	Ahụrụ m anụmanụ n'anya.
I love traveling.	Ahụrụ m ịga njem n'anya.
I love cooking.	Ahụrụ m isi nri n'anya.
I love sports.	Ahụrụ m egwuregwu n'anya.
I love art.	Ahụrụ m nkà n'anya.
I love dancing.	Ahụrụ m igba egwu n'anya.
I love photography.	Ahụrụ m ise foto n'anya.
I love learning.	Ahụrụ m mmụta n'anya.

These phrases involve expressions of affection or strong liking towards someone or something. Practice using them to enhance your Igbo language skills!

Phrases that include the word "wait":

Wait here.	Chere ebe a.

Can you wait?	I nwere ike ichere?
Let's wait.	Ka anyị chere.
Wait for me.	Chere m.
Wait for us.	Chere anyị.
Wait a moment.	Chere obere oge.
Wait a minute.	Chere nwa nkeji oge.
Wait a second.	Chere ótù tịkọm oge/Chere ótù ntabi anya.
Wait in line.	Chere n'ahịrị.
Wait your turn.	Chere oge gị.
Wait patiently.	Wee ndidi.
Wait quietly.	Chere jụụ.
Wait for the signal.	Chere ihe mgbama.
Wait for the announcement.	Chere ọ́kwà.
Wait for the instructions.	Chere ntuziaka.
Wait for the decision.	Chere mkpebi.
Wait for the outcome.	Chere ihe ga-esi na ya pụta.
Wait for the results.	Chere ihe nsonaazụ.
Wait for the response.	Chere nzaghachi azụ.
Wait for the reply.	Chere azịza ahụ.

These phrases involve requests, instructions, or actions related to pausing or delaying an action. Practice using them to improve your Igbo language skills!

Phrases that include the word "decide":

I decide...	Ana m ekpebi.
Can you decide...?	I nwere ike ikpebi...?
Let's decide.	Ka anyị kpebie.
Decide now.	Kpebie ugbua.
Decide later.	Kpebie ma emechaa.
Decide together.	Kpebikọta ọnụ.
Decide for yourself.	Kpebiere onwe gị.
Decide on a plan.	Mee mkpebi atụmaatụ.
Decide on a course of action.	Kpebie usoro ihe omume.
Decide on a destination.	Kpebie ebe ị ga-aga.
Decide on a date.	Kpebie ụbọchị mkpakọrịta nwoke na nwaanyị gi.
Decide on a time.	Kpebie oge.
Decide on a menu.	Kpebie nri e nwere.

Decide on a movie.	Kpebie ihe nkiri.
Decide on a book.	Kpebie akwụkwọ.
Decide on a gift.	Kpebie onyinye.
Decide on a decision.	Mee mkpebi
Decide on a strategy.	Mee mkpebi usoro atụmaatụ.
Decide on a solution.	Kpebie maka ihe ngwọta/ndozi.
Decide on a goal.	Kpebie maka ebumnobi.

These phrases involve actions or instructions related to making a decision. Practice using them to enhance your Igbo language skills!

Phrases that include the word "accept":

I accept.	Anabatara m.
Can you accept...?	I nwere ike ịnabata...?
Let's accept.	Ka anyị nabata.
Accept the offer.	Nabata onyinye ahụ.
Accept the invitation.	Nabata òkù ahụ.
Accept the challenge.	Nabata ihe ịma aka ahụ.
Accept the proposal.	Nabata atụmaatụ ahụ.
Accept the apology.	Nabata arịrịọ mgbaghara ahụ.
Accept the terms.	Nabata usoro nkwekọrịta ahụ.
Accept the conditions.	Nabata ọnọdụ nkwekọrịta ahụ.
Accept the agreement.	Nabata nkwekọrịta ahụ.
Accept the terms and conditions.	Nabata usoro na ọnọdụ nkwekọrịta ahụ.
Accept the consequences.	Nabata ihe nsonaazụ ahụ.
Accept the outcome.	Nabata ihe nsonaazụ ahụ.
Accept the decision.	Nabata mkpebi ahụ.
Accept the result.	Nabata ihe nsonaazụ ahụ
Accept the reality.	Nabata eziokwu/nsindị.
Accept the fact.	Nabata eziokwu/nsindị.
Accept the criticism.	Nabata nkat/nkọjọ ahụ.
Accept the feedback.	Nabata nzaghachi azụ ahụ.

These phrases involve actions or instructions related to acknowledging or agreeing to something. Practice using them to improve your Igbo language skills!

Chapter Three

Simple Conversation (Mkparịtaụka)

3.1 Basic Greetings

English	*Igbo language*
Hello	Ndeewo
Welcome	Nnọọ
Well-done	Daalụ
Come	Bịa
Go	Gaa
How are you?	Kedụ ka i mere?
I'm good/fine	Adị m mma
Thank you	I meela
Is everything Ok?	Ihe niile ọ dịkwa mma?
Yes (all is well)	Ee (Ọ dị mma)
Not too bad/No problem	Nsogbu adịghị.
Please to meet you	Obi di m ụtọ izute gị.
Very pleased to meet you	Obi dị m ezigbo ụtọ izute gị.
Good morning!	Ị bọọlachi!
Good afternoon!	Ehihe ọma
Good evening!	Mgbede ọma
Good night!	Abalịọma/Kachifoo
May daybreak	Kachibọọ -
Goodbye	Kaemesịa/Kaọdị
See you later	Kaemesịa
See you soon	Anyi ga-ahụ mgbe ọzọ.
See you next time	Kaọdị mgbe ọzọ.
Yes	Ee
No	Mba/Eh Ee
Please	Biko
Thank you very much	I meela nke ukwu/Daalụ rinne

3.2. Introduction (Nkọwa onwe)

English	*Igbo language*
My name is ………..	Aha m bụ ……..
What is your name?	Gini bụ aha gị?
This is ……………………..	Ihe a bụ …
Where are you from?	Ebee ka i si?
I hail from ...	Abụ m onye obodo …
I'm from...	Esi m na ...
Pleased to meet you	Ọ dị m obi ụtọ izute gị
See you later	Ka ọ dị
My wife	Nwunye m
My husband	Di m
My girlfriend	Enyi m nwaanyị
My boyfriend	Enyi m nwoke
My friend	Enyi m
Do you speak English?	Ị na-asụ Bekee/oyibo?
I am learning Igbo language	Ana m amụ asụsụ Igbo
I am English	Abụ m onye Bekee/oyibo
I am Igbo	Abụ nwaafọ Igbo.
I am from England	Abụ m onye England.
I am from USA	Abụ m onye USA.
I am Australia	Abụ m onye Australia.
I am from Igbo	Esi m obodo ndị Igbo.
Where are you from?	Kedụ ebe i si?
In England	Na England
In Igbo	Na ala Igbo
I am from London	Esi m London.
Sorry!	Ndo
I am sorry	Enwela iwe
Excuse me	Ka m kwu o/Ka m gafee.
Thank you	Daalụ or I meela.
I don't understand	I aghọtaghị m
You	Gị
I	M/Mụ
He	O/Ọ
She	O/Ọ

What do you do?	Kedụ ihe ị na-eme?
What is your occupation?	Kedụ aka ọrụ gị?
I am a lawyer	Abụ m onye Ọka iwu.
I am a doctor	Abụ m Dọkịta
I am a student	Abụ m nwata akwụkwọ
I am unemployed at the moment	Enweghi m ọrụ ugbua.

3.3 Conversation (Mkparịtaụka)

English	*Igbo language*
Hello	Ndeewo
How?	Kedụ etu?
How are you?	Kedụ? Kedụ ka i mere?
Hi	Kedụ
What's your name?	Gịnị bụ aha gi? Kedụ aha gị?
I'm good, thanks	Adị m mma, i meela
And you?	Gịwa kwanụ?
Do you speak (English/Igbo)?	Ị na-asụ Bekee (oyibo)/Igbo?
A little bit	Nwa obere/obere
How old are you?	Afọ ole ka ị dị?
I'm 50 years old	Adị m afọ iri ise
What do you think?	Gịnị ka i chere?
I don't understand	Aghọtaghị m
I don't know	Amaghị m
I know	Ama m.
Don't be angry	Enwela iwe
Sorry	Ndo
Where are you from?	Kedụ ebe i si?
I'm from the U.S.	Esi m U.S.
I'm American	Abụ m onye Amerika
I'm ok! I'm fine.	Adị m mma
Did you have a good sleep?	I hikwara ụra nke ọma?
I have been busy all day	Eji m ihe n'aka kemgbe ụtụtụ.
Long time no see	Anya! Anya gị
See you tomorrow	Ka ọ dị echi
Good luck	Ihe ọma meere gị
May it be well with you	Ya dịrị gị na mma
Have a nice day!	Nwee ọmarịcha ụbọchị!

Enjoy your meal	Rie nke ọma/Kporie ndụ
Safe journey!	Ije ọma
Do you understand?	Ị ghọtara?
I understand	Aghọtara m
I don't understand	Aghọtaghị m
I don't know	Aghọtaghị m
Please, speak more slowly	Biko, jiri nwayọọ kwuo okwu
Please, say that again	Biko, kwuo ihe i kwuru ọzọ
Please, write it down	Biko, detuo ya ala
Do you speak English?	Ị na-asụ Bekee?
Do you speak Igbo?	Ị na-asụ Igbo?
Yes, I speak a little	Ana m asụ nwa obere Igbo
Say it to me in Igbo	Gwa m ya n'asụsụ Igbo
How do you say... in Igbo?	Kedụ ihe a na-akpọ ... n'asụsụ Igbo?
Please, wait	Biko, chere
Pardon me	Biko, enwela iwe
How much is this?	Ego ole ka ihe a bụ?
Forgive me!	Gbaghara m
Interesting story/gist	Akụkọ na-atọ ụtọ
In case of eventualities	Maka adị ama ama
Please	Biko
Where is the toilet?	Ke ebe mkpochi dị?
He will pay for everything	Ọ ga-akwụ ụgwọ ihe niile
Would you like to dance?	Ị chọrọ ịgba egwu?
Get well soon	Gbakere ngwa ngwa
Go away!	Puo ebe a!
Leave me alone	Hapụ m aka!
Help!	Nyere m aka
Fire!	Ọkụ!
Stop!	Kwụsi!
Call the police!	Kpọọ ndị uwe ojii!
Take it easy	Were ya nwayọọ
Oh! My God	Chineke mee.
God of creation	Chukwu Okike

3.4 Asking for help, direction, and Questions:

English	*Igbo language*
Can you give me a hand with this?	I nwere ike i nyere m aka.
Could you help me for a second?	I nwere ike i nyetụrụ m aka.
Can I ask a favour?	M nwere ike ịrio gị enyemaka?
I wonder if you could help me with this?	Amaghị m ka i nwere ike i nyere m aka n'ihe a?
I could do with some help, please.	Achọtụrụ m enyemaka, biko
I can't manage. Can you help?	Apụghị m ime ya. I nwere ike i nyere m aka.
Give me a hand with this, will you?	Nyere m aka, ọ masịrị gị?
Lend me a hand with this, will you?	Nyere m aka n'ihe, i nwere ike?
Could you spare a moment?	I nwere ike ị hapụ ihe ị na-eme n'obere oge.
I need some help, please.	Achọrọ m enyemaka, biko.
Do you have free time on (day)?	I nwere ohere na (ụbọchị/oge)
Do you know anything about ...?	Enwere ihe ị ma gbasara …?
I am having a problem with ___	M na-enwe nsogbu na ____
Do you think you can help me?	I chere na ị pụrụ i nyere m aka?
Can I help you?	Enwere m ike i nyere gị aka?
Can you help me?	I nwere ike i nyere m aka?
Go straight	Gaba n'ihu/ogologo
How is it going?	Kedụ ka o si aga?
How have you been?	Kedụ ka o si dị?
How is it?	Kedụ ka ọ dị?
How's everything?	Kedụ ka ihe niile dị?
Are you a student?	Ị bụ nwata akwụkwọ?
Are you making a promise?	Ị na-ekwe m nkwa?
Where is the restaurant?	Kedụ ebe ụlọ nri dị?
Is this your house?	Ebe a bụ ụlọ gị.
Turn left	Tụgharịa n'aka nri
Turn right	Tụgharịa n'aka ekpe
What are you up to?	Kedụ ihe ị chọrọ ime?
What do you do for a living?	Gịnị bụ ọrụ aka gị?
What's new?	Kedụ ihe ọhụụ mere?
What's up?	Kedụ nke na-eme?
Where do you live?	Kedụ ebe i bi?
Where is the airport?	Kedụ ebe ọdụ ụgbọelu dị?
How are things going?	Kedụ ka ihe si aga?

What's happening?	Kedụ nke na-eme?
How are you holding up?	Kedụ ihe jinu?

Good Manners

English	*Igbo language*
Will you open the door for me?	I were ike i meghere m ụzọ?
Would you open the door for me?	I wetụrụ ike i meghere m ụzọ?
Would you kindly open the door for me?	I were ike i nyere m aka site na i meghere m ụzọ?
Would you mind opening the door for me?	Ọ ga-amasi gị i meghere m ụzọ?
Would you be so kind as to open the door?	Obi aga-adị gị mma ma i meghere m ụzọ?
Could you open the door?	Meghetụrụ m ụzọ
Could you please open the door?	Biko, meghetụrụ m ụzọ.
Could you possibly open the door?	Ọ ga-ekwe ihe omume imeghere m ụzọ?

3.5 Wishes/Congratulatory message

English	***Igbo language***
Happy Christmas	Aṅụrị ekeresimesi
Happy new year	Aṅụrị afọ ọhụụ
Happy Easter	Aṅụrị mbilite n'ọnwụ Kraịst
Happy Birthday	Aṅụrị ụbọchị ọmụmụ
Congulatulations!	Ekele!
Good luck	Ya gazie!
Safe journey	Ije ọma/Gaa nke ọma
Congratulations	Kọngratuleshọn/ ị tụrụla ugo
You are doing a good job	Ị na-eme nke ọma
That's better than ever.	Nke a kachasi mma.
That's the way to do it.	Etu a ka esi eme ya.
You are very good at that.	Ị ma eme ya nke ọma.
You are doing beautifully	Ọ maka, ka i si eme ya.
You are on the right track	Usoro i ji eme ya dị mma.
Keep up the good work.	Gaa n'ihu n'ọrụ ọma ị na-arụ.
Nothing can stop you now.	Ọ dịghị ihe pụrụ ịkwụsị gị ugbua.

3.6 Making a call:

English	***Igbo language***
Can/could I speak to ..., please?	Biko, Achọrọ m ka mụ na.... kparịtaụka.

I'd like to speak to ...	Achọrọ m ị gwa … okwu
Do you know when he's free?	Ị mara mgbe o nwere ohere?
He/She's .... Here	Ọ … nọ ebe a
I'm calling in connection with ...	Ihe m ji akpọ bụ maka …
It's with regard to ...	Ọ bụ maka…

Taking a call

English	***Igbo language***
How can I help you?	Kedụ ka m ga-esi nyere gị aka?
What can I do for you?	Kedụ ihe ị chọrọ ka m meere gị.
I'm going to put you on hold,	Aga m achọ ka ị chere.
Just bear with me a moment.	Cheretu nwa obere oge
Can I give him a message?	Enwere ike izi ya ozi?
What's it in connection with?	Kedụ ihe ị chọrọ ka o meere gị?
Would you mind saying that again?	I were ike ikwu ya ọzọ?
Sorry, you are breaking up,	Enwela iwe, anaghị m anụcha ihe ị na-ekwu
I didn't hear that very well.	Anụghị m ihe i kwuru nke ọma.
Could you repeat, please?	I nwere ike ikwu ya ọzọ, biko?

3.7 Appreciation, Admiration and Love expression

English	***Igbo language***
You look gorgeous!	Ị maka!
You look as pretty as always!	Ị bụ sọ mma oge niile.
You look drop dead gorgeous!	Mma gị na-egbu ọchụ.
You have looks to die for!	Mma gị na-egbu ọchụ.
I love the way you look today!	Ụdịdị gị n'ubọchị taa masịrị m.
I can't take my eyes off of you!	Apụghị m i nwepụ anya m n'ebe ị nọ.
I think you are super cute!	Ọ dị m ka ị bụ ọkacha mma.
You look hot!	Ị na-egbu ka ọkụ!
You are stunning!	Ụdịdị gị na-agbaka m isi
You look absolutely fantastic!	Mma gị pụrụ iche
You look radiant!	Ị na-amụke amụke
I miss you	Agụụ gị na-agụ m/owu gị kọrọ m
I love you	Ahụrụ m gị n'anya
I love your dress	Ákwà gị amaka
You look good today	Ahụ amaka gị taa.
You bring joy to my life	Ị na-enye m ọṅụ.

All I do is to think of you. Naanị ihe gbasara gị ka m na-eche.
I love you being around. Achọrọ m ka ị nọrọ m nso oge niile
I feel sad without you. Ọ na-ewuta m na ị nọghị m nso.
You occupy my thoughts. I nọ n'uche m oge niile.
I miss your laugh. Ọchị gị na-amasị m
You are everything to me. Ị bụụrụ m ihe niile.
I want a lifetime with you. Achọrọ m ka m na gị biri ogoglogo ụbọchị ndụ anyị niile.
I hope I see you again. Ekwenyere m na-aga m ahụkwa gị ọzọ.
I want you. Achọrọ m gị.
You are my treasure. Ị bụ ihe nketa m nke dị oke ọnụahịa.
You are precious. Ị dị m oke mkpa.
I'm yours. Abụ m nke gị
You are my sunshine. Ị bụ anyanwụ ụtụtụ m
I long for you. Achọrọ m ịhụ gị oge niile.
You're everything to me. Ị bụ ihe niile m nwere.
You complete me. Ị na-eme ka m zuo oke.
I cherish you. Ị masịrị m nke ukwuu.

EXERCISE

1. State the time or occasion where the following greeting are used:

(a). Abalị ọma/ka chi foo ____________________

(b). Ka emesia/ ka ọ dị ____________________

©. Mgbede ọma ____________________

(d). Ị bọọlachi? ____________________

(e). Ehihe ọma ____________________

2. Which of the following means, "How is everything?"

(a). Kedụ ka o si aga?

(b). Kedụ ka o si dị?

©. Kedụ ka ọ dị?

(d). Kedụ ka ihe niile dị?

3. Match the following expressions to their Igbo language meaning.

(a). My name is Ben	Ebee ka i si?
(b). What is your name?	Esi m na ...
©. This is Ben	Onye a bụ Ben
(d). Where are you from?	Gịnị bụ aha gị?
(e). I hail from …	Abụ m onye obodo …
(f). I'm from…	Aha m bụ Ben

4. Match the following greetings with their appropriate Igbo language.

(a). Hello	I meela
(b). Welcome	Daalụ
©. Well-done	Kedụ ka i mere?
(d). Come	Ndeewo
(e). Go	Nnọọ.
(f). How are you?	Adị m mma/Ọ dị mma
(g). I'm good/fine	Ga/gawa
(h). Thank you	Bịa

5. You are taking a call and you want to ask your caller to repeat what they have said, which of the following Igbo sentence would you use?

(a). Aga m achọ ka i chere

(b). Chere nwa obere oge

©. I nwere ike izi ya ozi?

(d). Kedụ ihe ị chọrọ ka o meere gị?
(e). I nwere ike ikwu ya ọzọ?

6. Which of the following is Igbo expression for: “I miss you.”
(a). Abụ m nke gị
(b). Ahụrụ m gị n’anya
©. Agụụ gị na-agụ m
(d). Ị kacha m oke mkpa.
(e). Ị na-egbu ka ọkụ!

7. Which of the following is Igbo expression for: “I love you.”
(a). Abụ m nke gị
(b). Ahụrụ m gị n’anya
©. Agụ gị na-agụ m
(d). Ị kacha m oke mkpa.
(e). Ị na-ekpo ọkụ!

8. Which of the following is an Igbo expression for: “You look hot!”
(a). Abụ m nke gị
(b). Ahụrụ m gị n’anya
©. Agụ gị na-agụ m
(d). Ị kachasi oke mkpa.
(e). Ị na-egbu ka ọkụ!

9. Which of the following is Igbo expression for: “You are precious.”
(a). Abụ m nke gị
(b). Ahụrụ m gị n’anya
©. Agụ gị na-agụ m
(d). Ị kacha m oke mkpa.
(e). Ị na-ekpo ọkụ!

10. Which of the following is Igbo expression for: “I’m yours.”
(a). Abụ m nke gị
(b). Ahụrụ m gị n’anya
©. Agụụ gị na-agụ m
(d). Ị kacha m oke mkpa.
(e). Ị na-ekpo ọkụ!

Chapter Four

Parts of Speech (Nkejiasụsụ)

There are eight categories that words are placed into based on what they mean and how they are used in a sentence.

4.1 Mkpọaha/Aha (Noun)

A noun is a name of a person, place, thing or an idea.

Examples

English	*Igbo*
Classroom	Klaasị
Train	Ụgbọ oloko
Food	Nri
Dog	Nkịta
Forest	Oke ọhịa
Table	Tebul
Joy	Ọṅụ

a) **Proper Noun (Ahaaka)**: A proper noun is the name given to something to make it more specific. It identifies a particular person, place, or thing (e.g., Nnamdi, Chidi, Awka, Ikwerre, Brian, California). Proper nouns differ from common nouns because common nouns are the words for something in general.

b) **Common Noun (Ahaizugbe**): Refers to people, placed, or things in general e.g. abụ (song), ọṅụ (joy), okorobịa (boy), nkịta(dog), obodo (city), ụbọchị (day). Common nouns are written with a capital letter only when they start a sentence.

c) **Collective Noun (Ahaìgwé**): Refers to a set or group of people, places, animals, or things e.g. Ezinụlọ (family), akwụkwọ (books), ìgwé (multitude).

d) **Compound Noun (Ahaukwu):** Compound nouns are words for people, animals, places, things or ideas, made up of two or more words, e.g. ụmụakwụkwọ (students), ụmụaka (children), ụlọakwụkwọ (school), ndịọrụ (workers), etc.
e) **Abstract Noun (Ahauche/Ahaechereche):** This refers to ideas, qualities, conditions and things that do not exist physically e.g. ọṅụ (joy), enyi (friendship), ịhụnanya (love).
f) Concrete Noun (Aha m nwereahụ): refers to people and things that exist physically e.g. mmadụ (person), ụwa (planet), osisi (tree), enwe (monkey).
g) **Countable Nouns (Aha agụtaraọnụ)**: Countable nouns are nouns that can be counted individually; you can put a number after it as a quantity, e.g. ụgbọala abụọ (two cars), nkịta anọ (four dogs), ụmụnne atọ (three brothers), etc.
h) **Uncountable Nouns (Aha Agụtaọnụ):** uncountable nouns refers to things that can't be individually counted, and don't take an indefinite article (a or an) in front of them e.g. ego (money), akụ (wealth), mmiri (water), egwu (music), ịhụnanya (love) etc.

Note that money is uncountable but ego-ígwè (coin) or ego akwụkwọ (bank notes) are countable. Water is uncountable but glass of water is countable

4.2 Nnọchiaha (Pronoun)

Igbo pronouns, unlike other language, are not gendered as a result the same pronouns are used for male, female and inanimate beings. There are four singular pronouns (i, ị, o, and ọ) and two impersonal pronouns (a and e).

Every Igbo pronoun stands alone in a sentence. They do not join to verbs or nouns except when they are in prefixed form, as in the case of first person singular and third person plural. The following are examples of standalone and prefixed forms of Igbo pronouns:

First-person singular	*Igbo*
I went to the market.	Ejere m ahịa.
I asked a question.	Ajụrụ m ajụjụ.

2nd person singular	*Igbo*
You made my day.	I mere taa ụbọchị ọma nye m.
You are kind.	Ị bụ ezigbo mmadụ.

3rd person singular	*Igbo*
She is so beautiful	Ọ maka/Ọ mara ezigbo mma
He is handsome	Ọ maka/Ọ mara ezigbo mma

It is so beautiful	Ọ mara ezigbo mma
3rd person plural	*Igbo*
They did the dishes	Ha sara efere.
They cooked food	Ha siri nri

The following are various types of pronouns.

a. **Subject Pronoun (Nnọchiaha)** is a word that takes the place of a noun in a sentence. It functions as and acts as a substitute for a noun or nouns. Examples: I, you, it, they, we, he, she.

b. **Personal Pronoun (Nnochionye)**: this type of pronoun refers to the speaker or the person spoken to, or to a person or things whose identity is clear, usually because they have already been mentioned.

Examples:

Subject

English	Igbo	Plural	Igbo
I/me	*m, mụ*	We	*anyị*
You	*i/ị, gị*	You people	*unu*
He/she/it	*o*	They	*ha*
He/she/it	*ọ*	They	*ha*
He/she/it	*ya*	They	*ha*

Object

Me	*m/mụ*	Us	*anyi*
You	*gị*	You people	*unu*
Him/her/it	*ya*	them	*ha*

c. **Impersonal Pronoun (Nnọchimpesin):** Also known as an indefinite pronoun, an impersonal pronoun is used in a sentence to show non-specific beings, objects, or places. This can be used to represent countable nouns or uncountable nouns, e.g. it (a, e). The two impersonal pronouns in the Igbo language are a and e

d. **Possessive Pronoun (Nnọchinke):** This type of pronoun is used in a sentence to show that something belongs to someone, e.g. my, our, your, his, her, its and theirs. There exists an independent form of each of the above possessive pronouns and they are: mine, ours, yours, his, hers, its, and theirs.

Examples:

English	*Igbo*	*English*	*Igbo*
Mine	nke m	*Yours*	nke gị
His	nke ya	*Her*	nke ya
Our/ours	nke anyị	*Their/theirs*	nke ha

e. **Demonstrative Pronoun (Nnọchingosi)**: This type of pronoun is used in a sentence to point out specific things. There are only four demonstrative pronouns, and they are: this, that, these, and those. Examples in the Igbo language are as follows:

English	*Igbo*	*English*	*Igbo*
This	ihe a	*That*	ihe ahụ
These	ihe ndị a	*Those*	ihe dị ahụ

f. **Reflexive pronoun (Nnọchionwe/Nnọchinkọwa)**: This type of pronoun is used in a sentence to refer to the subject of the sentence. It is preceded by an adverb, adjective, pronoun, or noun to which it refers, so long as that antecedent is located within the same clause. They end with the suffix 'self' (onwe); e.g. myself, yourself, himself, herself, oneself, itself, ourselves, yourselves, and themselves.

Examples:

English	*Igbo*	*English*	*Igbo*
Myself	onwe/ Mụnwà	*Yourself*	onwe gị/ Ginwà
Himself	onwe ya	*Herself*	onwe ya
Oneself	onwe ya	*Itself*	onwe ya
Ourselves	onwe anyị/ Anyịwà	*Yourselves*	onwe unu
Themselves	onwe ha		

g. **Emphatic Pronoun (Nnochionweonye)**: This type of pronoun is used in a sentence to explain the action done by a noun without anyone's help. Examples of emphatic pronouns are in the same form as reflexive pronouns. However, the difference between emphatic pronouns and reflexive pronouns is that reflexive pronouns acts as direct or indịrect objects in a sentence while emphatic pronouns are essentially unnecessary.

Examples:

1. I went to the hospital myself. (Reflexive pronoun)
   Ejere m ụlọọgwụ ahụ n'onwe m.

2. The doctor himself treated me. (Emphatic pronoun)
   Dọkịta n'onwe ya lekọtara m anya.

The word "myself" in the first sentence serves to reinforce that it was the subject (i.e. the person) who performed the action (going to the hospital). Please note that emphatic pronouns can be removed from a sentence and the meaning of the sentence would remain intact.

4.3 Verbs (Ngwaa)

a. **Infinitive Verbs (Isingwaa):** This is a verb form that functions as a noun or is used with auxiliary verbs, and that names the action or state without specifying the subject. In Igbo language, the letters "ị" and "i" plus the root verb comprise the infinitive form of a verb.

Examples:

English	*Igbo root verb*	*English*	*Igbo root verb*
to be	ịbụ/ịdị	*to bring*	iweta
to buy	ịzụta	*to call*	ịkpọ
to chew	ịta	*to come*	ịbịa
to cook	isi nri	*to cry*	ibe akwa
to dance	ịgba egwu	*to do*	ime
to drink	ịṅu	*to eat*	iri (nri)
to enter	ịbanye/ịbata	*to find/look*	ịchọ/ịchọta
to follow	isoro	*to forget*	ichefu
to fry	ighe	*to get*	inweta
to give	inye	*to go*	ịga
to have/own	inwe	*to hear*	ịnụ
to hold	ijide	*to know*	ịma
to laugh	ịchi (chịa)	*to learn*	ịmụta
to leave	ịhapụ	*to listen*	ige ntị
to look	ile (anya)	*to mark*	ịka (akara)
to get out	ịpụta	*to play*	igwu egwu
to pray	ikpe ekpere	*to read*	ịgụ
to remember	ịcheta	*to run*	ịgba ọsọ
to say	ikwu (okwu)	*to see*	ịhụ
to sell	ire (ahịa)	*to bathe*	ịsa ahụ
to sing	ịgụ abụ/ ịbụ abụ	*to sit*	ịnọdu
to sleep	ịrahụ (ụra)	*to speak*	ịsụ

to stand	iguzo/ikuli	*to stay*	ịnọ
to swallow	ilo	*to take*	iwere
to teach	ikuzi	*to tell*	ịgwa
to think	iche echiche	*to throw*	ịtu
to touch	ịmetụ	*to understand*	ịghọta
to wait	ichere	*to walk*	ịga ije
to wash	ịsa	*to wear*	iyi
to work	ịrụ	*to write*	ide

b. **Linking Verbs (Ngwaa Njikọ):** This type of verb connects a noun or a pronoun with a word that identifies or describes it; e.g. is, am, are, etc.

Examples:

English	*Igbo*
is	bụ
am	bụ
are	bụ

c. **Auxiliary Verbs (Enyemaka ngwaa):** This is a verb that changes or helps another verb, e.g. am, is, are, was, were, be, been, will, has, have, had, do, does, did. In Igbo language, auxiliary verbs often complement verb form to express an action in the simple, continuous or future tense. When an auxiliary verb is complementing a simple participle, the auxiliary verb is joined to the complement with a hyphen. This is especially the case when the infinitive accompanying starts with a vowel. The hyphen is used to differentiate/separate the auxiliary verb which is a form of the prefix of the simple participle from the main verb.

For example:

Igbo	*English*
Ben gà-enweta ụgbọala.	Ben will catch the bus
Eze nà-àbịa ebe a.	Eze is coming here
Ngọzị ga-àbịa	Ngọzị will come
Ọ ga-àbịa	He/She will come
Eze na-abịa	Eze is coming
Ọ na-abịa	He/She is coming

However, when the auxiliary verb takes on the suffix of negation, it is written separately from the complement without a hyphen and as a one word with the suffix.

For example:

Igbo	English
Ngọzị agaghị àbịa	*Ngọzị will not come.*
Ọ gaghị àbịa	*He/She will not come.*
Eze anaghị abịa	*Eze is not coming.*
Ọ naghị abịa	*He/She is not coming.*

4.4 Conjunction (Njikọ)

A conjunction is a word that joins words or groups of words in a sentence together, e.g. and, but, yet, because, so,

Igbo	**English**	**Igbo**	**English**
Kama	*instead of*	Mgbe ahụ	*then*
Ruo	*until*	Tupu	*before*
Maka	*as, so*	Etu	*as, that*
Mana/Kama	*but, if, that, whether*	Na	*and, that*
Kemgbe	*since*	Ka	*so that, that*
N'ihi	*because*	Maọbụ	*or*
Ọzọkwa	*moreover*		

Examples:

Igbo	**English**
a. Achọrọ m Ji kama Garri.	*I want Yam instead of Garri.*
b. Eri kwala nri, tupu m gawa.	*Do not eat until I go.*
c. Maka na ọ dịmma, ka m jiri rie ya.	*As this is good, I enjoyed it.*
d. Ọ dị mma etu o si bụrụ ngwụcha izu ụka.	*It is good, as it is the weekend.*
e. Ihe a mara mma mana ọ dị oke ọnụ.	*This is good, but expensive.*
f. Mụ na gị na-eje ahịa.	*You and I are going to the market.*

4.5 Adjective (Nkọwaha)

An adjective is a word that describes or gives more information about a noun or pronoun. It tells you what kind, how many, or which one. The following are examples of adjectives:

Igbo	English	Igbo	English
ala	*low*	ọsịịsọ	*fast*
chakoo	*empty*	elu	*high*
iwe	*angry*	ihere	*shy*
nsọ	*holy/sacred*	anya	*far*
obi ụtọ/aṅụrị	*happy*	obi ọjọọ	*bad heart*
ọcha	*bright*	ọcha	*clean*
ocha	*light*	oji	*dark*
ogologo	*long*	ntakịrị	*short*
ohu/ohuru	*new*	ochie	*old*
ọjọọ	*ugly*	ọjọọ	*bad*
ọkụ	*hot*	oyi	*cold*
ọma/mma	*beautiful*	ọma	*good*
siri ike	*hard*	dara ọnụ	*expensive*
ukwu	*big*	nta	*small*
ụtọ	*sweet*	ilu	*bitter*

Demonstrative Adjectives: are adjectives that are used to modify a noun so that we know which specific person, place, or thing is mentioned. Examples of Demonstrative Adjectives in Igbo language are: ahụ (that), nke a (this), ndị ahụ (those), ndị a (these). In Igbo language, demonstrative adjectives follow the noun they are modifying.

For example:

Igbo	*English*
Nye m kalama ahụ	*Give me that bottle.*
Achọrọ m akwụkwọ ndị ahụ	*I want those books.*
Ọ chọburu izute ya ụbọchị ahụ	*He wanted to meet her that day.*
Mango ndị a na-ere ure	*These mangoes are rotting.*
Apụghị m ichefu ihe ahụ mere	*I can't forget that incident.*
Ụmụ ntakịrị ndị ahụ were iwe	*Those children were angry.*
Mkpịsị odide ndị ahụ bụ nke m	*This pen belongs to me.*
Ụlọ ahụ nwere ụlọahịa	*That building has a shop.*

4.6 Adverb (Nkwuwa)

An adverb is a word that describes a verb, adjective, or another adverb by giving more information about how or when something happens. It tells how, when, where, or to what extent. e.g. loudly, slowly, quickly, finally, always, tomorrow.

Igbo	English
a. Ọ na-agụ egwu n'olu dara ụda	*She sings loudly.*
b. Ọ gbara ọsọ ngwa ngwa	*He/she ran quickly.*
c. Ọ kwuru okwu n'olu dị jụụ	*He/she spoke softly.*
d. Eze kwara ụkwara n'olu dara ụda	*Eze coughed loudly.*
e. Ọ na-afụ ọja nke oma.	*He plays the flute beautifully.*
f. Ha riri achịcha Bekee n'anyaukwu	*They ate the cake greedily.*

Interrogative Adverbs is used to ask a question. In Igbo, a question can only be initiated by either an interrogative or a personal pronoun. The following interrogatives are commonly used:

Igbo	**English**	**Igbo**	**English**
kedụ	*how, when, where, which?*	ebee	*where, which place?*
olee	*how much, how many?*	onye	*Who?*
gịnị/ọ gịnị?	*What?*	kedụ?	*How?*
maka gịnị?	*Why?*	ma ncha	*Never*
tara akpụ	*Rarely*	mgbe ụfọdụ	*Sometimes*
mgbe niile	*Usually*	mgbe niile	*Always*
nke ọma	*Very*		

4.7 Preposition (Mbuụzọ)

Preposition: A preposition is a word that describes a relationship between a noun or pronoun and another word in a sentence, e.g. at, on, in, across, besides, during, for, of, to, with, throughout, etc. It goes before a noun or pronoun to specify a place, position, or time. In Igbo, there is only one preposition "na". When preceding a vowel, it drops its vowel sound and letter and takes on the tone of a noun that follows it. It is written as n'

Examples:

Igbo	*English*	*Igbo*	*English*
na	*and*	n'okpuru	*under*
tupu	*before*	n'ikpeazụ	*after*
n'ime	*inside*	n'ihe/n'iro	*outside*
na	*with*	mana	*but*
maka	*for*	si	*from*
je	*to*	ime	*in*

Examples:

Igbo	English
Ọ dị n’elu àkwà ndịna.	*It is on top of the bed.*
Ọ dị n’okpuru àkwà ndịna.	*It is under the bed.*
Ọ dị n’ime akpati	*It is inside the box.*
Ọ dị n’akụkụ àkwà ndịna.	*It is beside the bed.*
Ọ nọ n’ụlọ.	*He/she is in the house.*
Ọ dị n’elu aja.	*It is on sand.*

In combination with a noun, it can specify the location of the preposition in more detail:

Noun	***Mkpọaha***	***Preposition***	***Mbuụzọ***
top	elu	*in, at, on*	na (common)
top	elu	*up*	n’enu
underside	okpuru	*under, below*	n’okpuru
interior	ime	*inside*	n’ime
edge	ọnụ	*on top of*	n’ọnụ
beside	n’akụkụ		

4.8 Interjection (Ntimkpu)

An interjection is a word or phrase that expresses a strong feeling or an emotion, e.g. Hurrah, Yippee! Wow! Oh, no! Ouch, Oops, Aha, Eww, etc. Interjections are divided into six types namely, greeting, joy, surprise, approval, attention, and sorrow.

a. *Interjections for Greeting (Ntimkpu nke ekele):* This type of interjection is used in a sentence to indịcate the emotion of warmth to a person or group of people during a meeting with them.

Examples:

English	Igbo
Hello!	Ndeewo!
Hello Igbo people	Igbo Kweenu! Yee

b. *Interjections for joy (Ntimkpu nke ọṅụ):* This type of interjection is used in a sentence to indicate immediate joy and happiness when a happy occasion occurs.

Examples:

Wow!	Ewo!
Good!	Ezigbo!
Hurrah!	I jị ya!

c. *Interjections for Attention (Ntimkpu nke akpọmoku):* This type of interjection is used in a sentence to draw the attention of someone to something.

Examples:

English	Igbo
Look!	Lee anya!
Behold!	Lee!
Listen!	Gee Ntị!
Shh!	Shh!

d. *Interjections for approval (Ntimkpu nke nnabata):* This type of interjection is used in a sentence to express a strong sense of approval or agreement for something that has happened or something that someone did.

Examples:

English	Igbo
Well done!	Daalụ!
Brilliant	Akọnuche!
Bravo!	Agụ/Dike!
Wait!	Chelụ!
Sure!	Isee!

e. *Interjections for a surprise (Ntimkpu nke mberede):* This type of interjection is used in a sentence to express a strong sense of surprise about something that happened or something that someone did.

Examples:

English	Igbo
What!	Gịnị!
Oh!	Ewoo!
Ah!	Ah Ah!

f. *Interjections for sorrow Ntimkpu nke iri uju):* This type of interjection is used in a sentence to express the emotion of sadness or disappointment about something that happened.

Examples:

Alas!	Ewoo!
Oops!	Ha yie!
Ouch!	Ha yie!
Ah!	Ah ah!

EXERCISE

1. There are eight Parts of speech

(a). Give three examples of Mkpọaha? ____________________

(b). Give three examples of Mbuụzọ? ____________________

©. Give three examples of Nkọwaaha? ____________________

2. Explain the following terms:

(a). Nnọchiaha

____

____

____

(b). Ntimkpu

____

____

©. Ngwaa

____

____

3. Give five examples each of the following.

(a). Nnọchiaha

____

____

____

(b). Ntimkpu

____

____

©. Ngwaa

____

____

4. Explain the following term
(a) Ahaìgwé

(b) Ahaizugbe

5. Define Nnọchimpesin

6. Provide the possessive noun for the following in Igbo language
(a). His
(b). Hers
©. Mine
(d) Ours

7. Give three examples of isingwaa

8. Explain the following terms:
(a). Interjections for Attention (Ntimkpu nke akpọmoku)

(b). Interjections for surprise (Ntimkpu nke mberede)

9. Interjections for approval (Ntimkpu nke nnabata)

---

10. Using a simple sentence, give examples of each of the following.

na ____________________

n'okpuru ____________________

tupu ____________________

n'ikpeazụ ____________________

n'ime ____________________

n'ihe/n'iro ____________________

Chapter Five

Tenses (Tensi)

5.1 Tense

Tense is the time described by a verb, shown by its grammatical form. In Igbo language, verbs do not show the difference between present and past tenses. To show the time of an action, event, or state, the meaning of the verb is changed by adding affixes that would show if an action was in present, past or future tenses.

Verb forms and tense usage

Base form: In Igbo language, a verb base form (which is also known as the "root form of a verb") is a word or word part that can form the basis of new words through the addition of prefixes and suffixes. The verb root is the same as the infinitive form but without the "to."

Examples:

English	Igbo root verb	English	Igbo root verb
be	bụ/dị	*bring*	weta
buy	zụta	*call*	kpọ
chew	ta	*come*	bịa
cook	si nri	*cry*	be akwa
dance	gba egwu	*do*	me
drink	ṅu	*eat*	ri (rie)
enter	bata	*find/look for*	chọ/chọta
follow	soro	*forget*	chefu
fry	ghe	*get*	nweta
give	nye	*go*	ga
have/own	nwe	*hear*	nụ
hold	jide	*know*	ma
laugh	chi (chi a)	*learn*	mụta
leave	hapụ	*listen*	ge ntị

look	le	*mark*	ka (akara)
out (get out)	pụta	*play*	gwu egwu
pray	kpe ekpere	*read*	gụ
remember	cheta	*run*	gba ọsọ
say	kwu (kwuo)	*see*	hụ
sell	re	*shower/bathe*	sa ahụ
sing	gụ abụ/ bụ abụ	*sit*	nọdu
sleep	rahụ (ụra)	*speak*	sụ
stand	guzo/kuli	*stay*	nọ
swallow	lo	*take*	were
teach	kuzi	*tell*	gwa
think	che echiche	*throw*	tufu
touch	metụ aka	*understand*	ghọta
wait	chere	*walk*	ga ije
wash	sa	*wear*	yi
work	rụ	*write*	de

Tense is divided into three major groups namely: Present tense, Past tense, and Future tense. Each of these groups can change form when combined with an auxiliary form of the verbs (be, have, shall, will, etc.).

When present tense is combined with any of the auxiliary forms of the verbs (be, have, shall, will, etc.); it can be modified into the following four tense forms: simple present tense, present continuous tense, present perfect tense, and present perfect continuous tense.

When past tense is combined with any of the auxiliary forms of the verbs (be, have, shall, will, etc.); it can be modified into the following four tense forms: simple past tense, past continuous tense, past perfect tense and past perfect continuous tense.

When future tense is combined with any of the auxiliary forms of the verbs (be, have, shall, will, etc.); it can be modified into the following four tense forms: simple future tense, future continuous tense, future perfect tense, or future perfect continuous tense.

5.2 Simple Present Tense

Simple present tense is a tense that expresses an action that is currently going on or habitually performed, or a state that currently or generally exists. To form a simple present tense in Igbo, one would have to use verb root which is the basic unit for building up tenses in Igbo. The pronominal verb prefix "a" or "e" is affixed when necessary. The suffixes "a, o, ọ, e" when used are attached to Igbo words and follow vowel harmony rules. For example:

Prefix	Verbroot	Suffix	Pronoun	Expression
A	chọ	ọ	m	Achọọ m – *I want.*
A	kpụ	ụ	m	Akpụụ m – *I formed.*
A	pụ	ọ	m	Apụọ m – *I leave.*
A	ta	a	m	Ataa m – *I chew.*
E	che	e	m	Echee m – *I think.*
E	lo	o	m	Eloo m – *I swallow.*
E	ri	i	m	Erii m – *I eat.*
E	ru	u	m	Eruu m – *I reach.*

Examples:

Anyi apụọ	*Here we go.*
Achọọ m akwụkwọ	*I want a paper (book).*
Uche ataa mkpụrụ aṅara	*Uche chews garden egg.*

It is important to note that when first and second-person singular "m" is used and goes before the simple present tense (e.g. "achọọ, erie, ataa, apịa, apụa etc"), the pronominal prefix "a" or "e" is dropped, and the tense of the verb becomes a condịtional verb or indịcates future.
For example:

Igbo	English
M cheta ya, m gwa gị.	*When I remember it, I'll tell you.*
M ruo ụlọ, eweta m ego.	*When I get home, I'll bring money.*
M taa akị, m ṅụọ mmiri.	*When I chew kernel, I'll drink water.*
cheta ya, Ị gwa m.	*When you remember it, tell me.*
Ị ruo ụlọ, Ị weta m ego.	*When you get home, bring money.*
Ị taa akị, Ị ṅụọ mmiri.	*When you chew kernel, drink water.*

When the second person plural "unu" precedes a verb, such a verb accommodates prefixes and suffixes. The result is simple present tense. However, when a second-person pronoun "singular and plural" is used to indịcate time or condịtion, the resultant verb will not accept the prefix.

Examples:

Unu echefula, i weta ya	*You should not forget to bring it.*

Unu emeela njọ	*You should not commit sins.*
I cheta ya, ị gwa m.	*When you remember it, tell me.*
I ruo ụlọ, i wetara m ego.	*When you get home, bring money.*
Ị taa akị, ị ṅụọ mmiri.	*When you chew kernel, drink water.*

Some Igbo verbs do not make use of suffixes or prefixes in the present tense. These are "to be" types of verbs, Igbo examples of these are "bụ, dị, ka, ma, ha, nye, hụ, kwụ, and kpụ" etc. Also, verbs whose roots are independent verbs in themselves do not make use of suffixes or prefixes in the present tense.

For example:

Ọ ma	*He knows*
O ji	*He holds*
Ọ nọ	*He's in/here*
Ọ bụ m	*It's me*

In the above examples, their meanings are complete, and they do not need prefixes or suffixes. If a suffix is added to these verbs above, their original meaning is altered.

5.3 Present Continuous Tense

Present continuous tense is a tense that is used to show that an ongoing action is happening now, either at the moment of speech or now in a large sense. In Igbo, present tense uses "na" followed by a hyphen before a conjugated verb of present tense. For example,

Root verb	conjugagte	continuous tense	meaning
gba	agba	na-agba	*is running.*
gụ	agụ	na-agụ	*is reading.*
ta	ata	na-ata	*is biting.*
to	ètò	na-ètò	is praising.
chị	achị	na-achị	is laughing.

In the above examples, "na" is the auxiliary verb while "a" and "e" are verb prefixes that form the conjugate verb.

Examples in a sentence:

Ọ na-agba ọsọ.	*He is running.*

Mmiri na-ezo.	*It is raining.*
Ọ na-agụ akwụkwọ.	*She is reading.*
Ha na-achị ọchị.	*They are laughing.*
Anyị na-eri nri.	*We are eating.*
Ị na-agu egwu	*You are singing*

Present continuous tense can be habitual and when used in a habitual form, a connotation of an action in which one is habitually engaged is added to form a complete sentence. For example:

Igbo	**English**
Akpị na-agba agba.	*Scorpion stings.*
Anwụ na-acha n'ọkọchi.	*The sun shines in the dry season.*
Anyị na-aga akwụkwọ.	*We go to school.*
Uche na-agba bọọlụ/ọkpọle.	*Uche plays football.*
Egbe na-ebu ụmụ ọkụkọ.	*Hawk carries chick.*

First-person singular and in some third-person plural pronouns take on "na" as prefixed with "a" for the verb root to produce the present continuous tense. In this expression, the verb root with the prefix is written separately after the pronoun. For example:

Igbo	**English**
Ana m eje ahịa	*I am going to the market.*
Ana m agụ egwu	*I am singing.*
Nne m na-esi nri.	*My mom is cooking.*

When present continuous tense is formed with first-person plural second-person singular and second-person plural, the first-person plural, second-person singular, third-person singular, and third-person plural pronouns, come before the auxiliary verb such as in the following.

Igbo	**English**
Anyị na-ekpe akpụ.	*We are peeling cassava.*
Anyị na-awa ji.	*We are slicing the yam.*
Anyị na-eje akwụkwọ.	*We are going to school.*
Ị na-ekpe akpụ.	*You are peeling cassava.*
Ị na-awa ji.	*You are slicing the yam.*
Ị na-eje akwụkwọ.	*You are going to school.*
Unu na-egba egwu.	*You (PL) are dancing.*

Unu na-agba ọsọ.	*You (PL) are running/racing.*
Unu na-akpụ isi.	*You (PL) cutting your hair.*
Ọ na-alụ ọgụ.	*S/he is fighting.*
Ha na-agụ egwu.	*They are singing.*

5.4 Present Perfect Tense

The present perfect is a grammatical combination of the present tense and perfect aspect that is used to show an action completed at the moment or immediate past. This tense is formed by attaching the suffix "la" to the present tense. For example:

Present	**suffix**	**present perfect**	**meaning**
Aga	la	agaala	*gone*
Asụọ	la	asụọla	*washed*
Aka	la	akaala	*grown old*
Epuo	la	epuola	*grown/formed.*
Ejee	la	ejeela	*gone*

Sentences (Ahịrịokwu):

Uche echuola mmiri	*Uche has fetched water.*
Agaala m ahịa	*I have gone to market.*
Ngọzị asụọla akwa	*Ngọzị has washed clothes.*
Egbuela m ọkụkọ	*I have killed the fowl/chicken.*
Eriela m nri	*I have eaten food.*
Unu eriela nri	*You (PL) have eaten food.*
Obi akaala nka.	*Obi has grown old.*
Ada epuola isi awọ.	*Ada has (grown) grey hair.*

Past Tense

Past tense is a tense that expresses an action that has happened or a state that previously existed. Suffixes are used in Igbo language to show past tense. Simple past tense in Igbo verbs has the structure "ru" which is an inflectional suffix. The phoneme /r/ is constant while the vowel varies to harmonize with the main verb or verb root.

5.5 Simple Past Tense:

When forming the simple past tense, a suffix made up of "r" and a vowel the same as the vowel of the verbroot is attached to the verb to form the simple past tense. For example:

Verb root	Suffix	Past simple tense
ga	ra	gara
gbu	ru	gburu
je	re	jere
si	ri	siri
tọ	rọ	tọro

Example in a sentence:

Igbo	English
Anyị jere ahịa	*We went to the market.*
Eze dara n'ala	*Eze fell on the ground.*
Ha siri nri	*They cooked food.*
O churu mmiri	*He/She fetched water.*
Uche gburu ọkụkọ	*Uche killed a Chicken.*

When the past tense of the verb is used with a first-person singular or third-person plural pronoun, the pronominal prefix "a" or "e" is affixed to the verb as in the case present tense.

For example:

Atara m anụ	*I ate meat.*
Ahụrụ m ọka	*I roasted corn.*
Echere m ya	*I waited for him/her.*

Sometimes, the simple past tense places emphasis more on the completion of an action than on time. In such cases, it is used to show the completeness of an action in the present. For example:

Igbo	English
Ahụrụ m ọka ugbua	*I roasted the corn now.*
Azụtara m ya ugbua	*I bought it now.*
Echetara m ya ugbua	*I remembered it now.*

Simple past tense can also be used as a question marker. When it is used as a question marker the time factor may completely be ignored and can refer to the present or the past. For example:

Igbo	English
Ị gara ahịa?	*Did you go to the market?*
Ị hụrụ m?	*Did you see me?*
Ọ zara ụlọ?	*Did he/she sweep the house?*

Simple past tense can be used to express condịtion or hypothesis, as shown in the examples below.

Igbo	English
M bụrụ gị, aga-eme ya etu ahụ.	*If I were you, I would have done likewise.*
Ị zụta ya, ị gaghị anọ agụụ.	*If you bought it, you would not go hungry.*
Ọ mara ihe mere, ọ gaa ekele ha.	*If he knew what happened, he would thank them.*

5.6 Past Continuous Tense

The past continuous tense, also known as the past progressive tense, refers to a continuing action or state that was happening in the past. It is used to express an action that had been going on in the past. This tense is very much like the present continuous tense except that in the formation, "ri" is used. "ri" is placed after the first-person pronoun or the third-person pronoun when these pronouns do not precede the verb. For example:

Igbo	English
Ana m rị agụ akwụkwọ	*I was reading a book.*
Ana m rị asa akwa.	*I was washing clothes.*
M na rị ata ọkpụkpụ anụ.	*I was chewing a meat bone.*

When the nominative pronoun or subject goes before the verb that it governs, the participle "ri" is suffixed to "na" or the present continuous forms of the verb. The first-person and third-person pronouns (plural) are usually modified to take on this type of conjugate when they occupy the same position. For example:

Igbo	English
Anyị narị egwu egwu.	*We were playing.*
M narị agụ akwụkwọ.	*I was reading.*
Ha narị apụ apụ.	*They were going (leaving).*
Ọ narị asụ akwa.	*He/she was washing clothes.*

It is important to note that when "bu" is suffixed to the verb instead of "ri" the tense indịcates an action which took place in the past. For instance:

Igbo	**English**
Ana m agụbu akwụkwọ	*I used to go to school.*
Ana m asabu akwa.	*I used to wash my clothes.*
Mmadụ na-agbabu ọtọ.	*Humans used to live/stay naked.*
Mmadụ na-ebibu n'ọhịa.	*Man used to live in the forest.*

5.7 Past Perfect Tense

This is used typically to express an action that was completed in the distant past. It takes the past tense form. In Igbo language, the suffix "rị" is used in the formation of this tense by attaching "ri" to the simple past to form the past perfect tense.

Conjugate	**Past**	**suffix**	**Past perfect**
chụọ	la	rị	chụọlarị
Jee	la	rị	jeelarị
mee	la	rị	meelarị
Pịa	la	rị	pịalarị
Pụọ	la	rị	pụọlarị
Ruo	la	rị	ruolarị

When used with the singular personal pronouns (except the first person) the pronominal prefixes are dropped. For example:

Igbo	**English**
I jeelarị ụlọ ụka?	*You had gone to church.*
O chuolarị mmiri.	*He/she had fetched water.*
O sielarỊ nri.	*He/she had cooked food.*

When the past perfect tense is used with personal pronouns plural, it retains the pronominal prefixes. For example:

Igbo	**English**
Anyị apụọlarị ọrụ.	*We had gone to work.*
Ha eruolarị ụlọ akwụkwọ.	*They had reached the school location.*
Unu ejeelarị ahịa.	*You had gone to the market.*

The position of the pronoun for the first-person singular is mostly after the entire verb. A rarer alternative, however, is to place it as it is in the simple past, with the suffix "rị" attached after the verb.

Igbo	**English**
Ha apụalarị ụlọ akwụkwọ.	*They had gone to school.*
Ha emeelarị ihe ahụ.	*They had done it.*

Future Tense

Future tense is used typically to express an action that is expected to happen in the future. It is also used for an action that is promised to occur in the future. In Igbo language prefix "ga" is used to express future tense. Future tense in Igbo is realized through the use of an auxiliary verb, "ga" followed by a conjugate verb which is derived from the main verb.

5.8 Simple Future Tense

Simple future tense is used to express an action that will happen sometime in the future. To form the future tense, "ga" is treated in the same way as 'na' in the present continuous tense.

Examples:

Igbo	**English**
Ọ ga-azụta anụ.	*He will buy meat.*
Ọ ga-eweta ya.	*She will bring it*
Anyị ga-abịa.	*We will come.*
Ha ga-emecha ya.	*They will finish.*
Ọ ga-eche.	*He will wait.*
Ọ ga-eweta ego.	*She will bring money.*
Kedụ ihe ọ ga-eme?	*What will he do?*
Ha ga-asụ akwa.	*They will wash the clothes.*
Ugo ga-abịa ebe a n'abalị.	*Ugo will come here tonight.*

When the future tense is formed with first person singular "m", "ga" is prefixed with "a" and immediately followed by the pronoun "m". The prefixed verb root is written separately after the pronoun.

For example:

Igbo	**English**
Aga m agụ akwụkwọ.	*I will read a book.*
Aga m asa efere.	*I will do the dishes.*
Aga m eche gị.	*I will wait for you.*

When the future tense is formed with first person plural or second person singular, it retains its conjugate verb which is preceded by the future tense prefix "ga" and a hyphen that separates the two.

For example:

Igbo	**English**
Anyị ga-asụ Igbo.	*We will speak Igbo.*
Anyị ga-aza ụlọ.	*We will sweep the house.*
Ị ga-aza ụlọ.	*You will sweep the house.*
Ị ga-aga ahịa.	*You will go to the market.*

The simple future tense can be affirmative or negative as shown in the last two examples above. For example:

Igbo	**English**
Ị ga-aza ụlọ?	*Will you sweep the house?*
Ị ga-aga ahịa?	*Will you go to the market?*

5.9 Future Continuous Tense

The future continuous tense, sometimes also referred to as the future progressive tense, is a verb tense that indicates something will occur in the future and continue for an expected length of time. It is formed using the construction tense, "ga" which stands alone and is followed by the present continuous form of the verb. The nominative verb or subject precedes the entire formation. For example:

Igbo	**English**
Anyị ga na-ere ahịa.	*We will keep selling.*
Ha ga na-agụ akwụkwọ.	*We will keep reading.*
Ọ ga na-abia.	*He/she will be coming.*
Eze ga na-arụ orụ.	*Eze will keep working.*

When the subject of the verb in the future continuous tense is first-person singular or third-person plural, the affix "ga" will join to the prefix "a" and be followed by the first-person singular subject "m", as in the examples below:

Igbo	**English**
Aga m na-ere ahịa.	*I will keep selling.*
Aga m na-agụ akwụkwọ.	*I will keep reading.*
Aga m na-abia.	*I will be coming.*
Aga m na-arụ orụ.	*I will keep working.*

5.10 Affixes (Mgbakwunye)

These are additional elements placed at the beginning or end of a root, stem, or word, or the body of a word, to modify its meaning. There are three types of affixes in Igbo language, namely: prefix (placed before the root), interfix (placed within), and suffix (placed after the root).

Affixes perform grammatical functions that do not change the verb or word to which they are attached. This is referred to as inflectional affixes, e.g. eaten (eriala). Also, affixes perform grammatical functions of modifying the meaning of the word to which they are attached are called extensional functions, e.g. didn't come – absent (abịaghị)

Example:

English	**Igbo**	**extension**
do	me	mechie (close)
drink	ṅu	aṅuri (happiness)

Affixes perform grammatical functions of producing words that belong to other parts of speech and derivational functions, e.g. kindness = kind + ness

Example:

English	**Igbo**	**extension**
Touch	Metụ	metụrụ (touch)
Find	chọ	chọpụtara (finds out)

In all of these functions, affixes are written together with the verb or the derivative of the verb.

For example:

a. I have money. Enwere m ego.

Nwe (have)	e + nwe + re
root verb	prefix + root + suffix

Root verbs can take several suffixes, and they all would be written together as one word without a hyphen.

Examples:

Don't come inside (house).	**Abatala n'ulo**	ba	a + ba + ta + la
		r(verb)	*prefix+root+suffix+suffix.*
Don't carry/bring a chair.	**Ebutela oche.**	bu	e + bu + te + la
		r(verb)	*prefix+root+suffix+suffix.*

She already started cooking edibles for me O siwelere m **erimeri**.(eri + m + eri)
prefix+interfix+suffix.

More word	**prefix + interfix + suffix.**				
edemede (writing)	ede	+	m	+	ede
agumagu (literature)	agu	+	m	+	agu
egwureegwu (playground)	egwu	+	re	+	egwu
akaraka (destiny)	aka	+	ra	+	aka

5.11 Negation

Negation is the grammatical operation whereby an Igbo verb is modified with a suffix that makes it express the exact opposite of an affirmative form.

Examples:

English	**Igbo**
I do (not) know	Amaghị m.
He didn't talk.	O kwughi okwu.

a. Negation in Present and past tenses

In Igbo grammar, both simple present and past tense follow the same form of negation. A sentence may be negated with the determiners "ghị" or "ghi". It is important to note that each determiner follows vowel harmony's rule, vowels that belong to "a" group would use "ghị" while vowels that belong to "e" group use "ghi" negation.

For example:

English	**Igbo**
Nkechi will not come.	Nkechi agāghị àbịa.
They will not come.	Ha agaghị àbịa.
He doesn't matter.	Enweghi ihe o mere.

The above examples show that the "ghị" vowel belongs to "a" vowel group. In addition, they prefix "a" and are prefixed to the root verb. Notice that in third example, which contains "ghi" vowel because it belonged to "e" vowel group. It prefixes "e" and is prefixed to the root verb. The above grammatical principle of combining the "a" or "e" with the negated root verb does not apply when the sentence is simple present tense. However, the first-person pronoun denoted by "m" remains in the sentence and still comes after the negated verb.

Examples:

English	**Igbo**
He doesn't have money.	O nweghi ego. (3rd person)
I don't have any money.	Enweghi m ego. (1st person)
I didn't go to the market.	Ejeghi m ahịa. (1st person)
I didn't ask a question.	Ajughị m ajuju. (1st person)

The pronoun could be followed by ka or ihe, when the interrogative is not the sole subject of the sentence.

Examples:

English	**Igbo**
How about your family?	olee maka ndị be gï?
What did they say?	olee ihe ha kwuru?
How do you do?	olee ka i mere?
What are you (pl.) doing?	gịnị ka unu na-eme?
Where are you?	ebee ka ị nọ?
How much money is it?	ego ole ka ọ bụ?
Who are you?	onye ka ị bụ?
Who does this?	onye mere ihe a?
Who does this happen to?	onye ka ihe a mere?

If the interrogative is missing in a question, the verb must be preceded by a pronoun:

English	Igbo
Is he in?	Ọ nọ ya?
Am I good?	M dị mma?
He is there.	Ọ nọ ebe ahụ.

b. Negation in Present continuous and future tenses

In Igbo grammar, when present continuous tense is negated, it could appear to have the same meaning as negated simple present tense. This is especially true when it simply follows the same negation pattern without some sort of emphasis.

Examples:

English	Igbo
a) *He doesn't eat fish.* (present tense)	Ọ naghi eri azụ.
b) *They don't care.* (present tense)	Ha achoghị ịma.
c) *He didn't fish.* (past tense)	O righi azụ.
d) *She didn't sing.* (past tense)	Ọ gụghị egwu.
e) *He is not eating fish now.* (present continuous tense)	Ọ naghị eri azụ ugbua
f) *She is not singing now.* (present continuous tense)	Ọ naghị agụ egwu ugbua
g) *He is not going to eat fish.* (future tense)	Ọ gaghị eri azụ.
h) *I am not going to eat fish.* (future tense)	Agaghị m eri azụ.

c. Negation of command/Negative command

This is used to tell a friend, classmate, child, family member of same age as you are or younger, or pet not to do something. Negative commands in Igbo grammar are formed by following vowel harmony principles and usually by adding the suffix "la" to the root verb.

Example:

a) Don't come	**Abịala!**	root verb = bịa
b) Don't go	**Agala!**	root verb = ga
c) Don't speak	**Ekwula!**	root verb = kwu
d) Don't leave	**Ahapụla!/Apụla!**	root verb = hapụ
e) Don't wait!	**Echerela!**	root verb = chere
f) Don't stop!	**Akwụsịla!**	root verb = kwụsị
g) Don't eat!	**Erila**	root verb = ri

EXERCISE

1. Explain the followinng terms:

(a). base form of verb

(b). Present tense

©. Past tense

2. Give three examples each of the following.

(a). future tense

(b). present continuous tense

©. past continuous tense

3. What type of tense do you use hyphen to join “na” and a verb.

4. Define the following term

(a) Affixes

___

___

___

(b) Negation

___

___

5. List three forms of negation

___

___

6. Complete the following Igbo sentence,

a. He is running	ọ _________ ọsọ.
b. It is raining	Mmiri na-____________.
c. She is reading	Ọ _________ akwụkwọ.
d. They are laughing	Ha ________ ọchị.
e. We are eating	Anyị _____________ nri.
f. You are singing	Ị __________ egwu

7. Give three examples of negation in future tense

___

___

8. Give three examples of negative commannd

___

___

9. How many extensional nominals are in the following word?

a. Enwere ______________________________

b. metụtara ______________________________

c. Ebutela ______________________________

d. Abatala ______________________________

e. Abịara ______________________________

10. Identify the root word of the following words.

a. Abiala! ______________________________

b. Erila! ______________________________

c. Echerela ______________________________

d. Agala ______________________________

Chapter Six
Punctuation (Akara Edemede)

Punctuations are special symbols used in writing to separate phrases, sentences, and their elements and to clarify their meaning. They are also used to show that a sentence is a question, exclamation, and so on. Examples of punctuation are full stops/periods, commas, question marks, parentheses, etc.

6.1 Full stop (Kpọm)

This type of punctuation is used at the end of a sentence or an abbreviation, a period. The punctuation mark or symbol for full stop (kpọm) is (.).

Examples:

English	Igbo
Mary went to the market.	Mary gara ahịa.
Brian is my sibling.	Brian bụ nwanne m.

6.2 Comma (Rịkọm)

This type of punctuation is used to identify a pause between parts of a sentence. It is also used to separate items in a list and to mark the place of a thousand, and in a large numeral. The punctuation mark or symbol for comma (Rịkọm) is (,).

For example:

English	Igbo
Mary bought yam, bean and corn	Mary zụtara ji, agwa, na ọka.
Eze has school bag, book, and pen	Eze nwere akpa, akwụkwọ, na mkpịsị odide

6.3 Question Marks (Akara Ajụjụ)

This type of punctuation is used in a sentence to express doubt or uncertainty about something or to indịcate a question. The punctuation mark or symbol for the question mark (akara ajụjụ) is (?).

For examples:

English	**Igbo**
How are you?	Kedụ? Kedụ ka i mere?
Do you speak English?	Ị na-asụ Bekee?
Do you speak Igbo?	Ị na-asụ Igbo?

6.4 Semi-colon (Kpọm Rịkọm)

This type of punctuation is used in a sentence to indịcate a pause, typically between two main clauses, and it is more pronounced than that indịcated by a comma. The punctuation mark or symbol for semi-colon (kpọm) is (;).

For example:

English	**Igbo**
Peter is rich; Paul is poor	Peter bụ ọgaranya, Paul bụ ogbenye.

6.5 Colon (Kpọmkpọm)

This type of punctuation is used to precede a list of items, a quotation, or an expansion or explanation. The punctuation mark or symbol for the colon (kpọm-kpọm) is (:).
Examples:

a. Ị ma ihe ị ga-eme: tinye ọmụmụ gị n'ọrụ.
   You know what to do: practice.
b. Achọrọ m ihe ndị a: nchicha, akwukwo na mkpisi odide.
   I want the following items: an eraser, paper, and pen

6.6 Apostrophe (Rịkọm Elu)

This type of punctuation is used in a vowel dropping to indịcate the omission of a letter. This is especially used when "na" functions as a preposition. The punctuation mark or symbol for an apostrophe (Rịkọm elu) is (').

Examples:

English	**Igbo**
I love you.	Ahụrụ m gị n'anya.

He is at home.	Ọ nọ n'ụlọ.

6.7 Hyphen (Akara Uhie)

This type of punctuation is used in auxiliary verbs, to join words to indicate that they have a combined meaning or are linked in the grammar of a sentence. It is also used to indịcate the division of a word at the end of a line or to indịcate a missing or implied element. The punctuation mark or symbol for the hyphen (Akara-uhie) is (-).

Examples:

English	**Igbo**
He will pay for everything.	Ọ ga-akwụ ụgwọ ihe niile
She is saying it to me in Igbo.	Ọ na-agwa m ya n'Igbo

6.8 Quotation Marks (Rịkọm Ngwu)

This type of punctuation is used either to mark the beginning and the end of a title or quoted passage, or to indicate that the word or phrase is regarded as slang or jargon or is being discussed rather than used within a sentence. The punctuation mark or symbol for quotation marks (Rịkọm Ngwu) is (' ') or (" ").

Examples:

English	**Igbo**
"I'm very tired," she said.	Ọ sị, "ike gwụrụ m."
"I work in Italy," said, Ben.	Ben sị, "Ana m arụ ọrụ n'Italy."

6.9 Parentheses (Akara Nkudo)

This type of punctuation is a pair of brackets used to mark off a parenthetical word or phrase. It is also used to add extra information to a sentence. The punctuation mark or symbol for parentheses (Akara Nkudo) is ( ).

Examples:

English	**Igbo**
Yes (all is OK)	Ee (ihe niile dị mma)
What are you called?	Gịnị ka a na-akpọ gị? (aha eji mara gị bụ gịnị?)

6.10 Exclamation Mark (Akara Mkpu)

This type of punctuation is used with a word or phrase to indịcate strong feelings (such as shock, surprise, anger, or raised voice), or show emphasis, and often marks the end of the sentence. The punctuation mark or symbol for the Exclamation mark (Akara mkpu) is (!).

Examples:

English	Igbo	English	Igbo
Watch out!	Lee anya!	*Go away!*	Pụọ ebe a!
Leave me alone	Hapụ m aka!	*Help!*	Nyere m aka
Fire!	Ọkụ!	*Stop!*	Kwụsi!
Call the police!	Kpọọ ndị uwe ojii!		

6.11 Slash (Akara òkè)

Slash is also known as forward slash, slant, oblique dash or diagonal and is used to separate letters, numbers or words. It is also used to indịcate "or". The punctuation mark or symbol for slash (Akara oke) is (/).

Examples:

English	Igbo
I'm good/fine.	Adị m mma/Ọ dị mma.
Go straight.	Gaba n'ihu/ogologo.
Do you speak English/Igbo?	Ị na-asụ Bekee/Igbo?

6.12 Ellipsis (Nsepụokwu)

This is a mark consisting of three dots (dot-dot-dot), that is used to indicate an intentional omission of a word, sentence, or whole section from a text without altering its original meaning. The punctuation mark or symbol for Ellipsis (Nsepụokwu) is (…).

Examples:

English	Igbo
My name is…	Aha m bụ ...
I'm from…	Esi m na ...

EXERCISE

1. Define Punctuation

2. Explain the followinng terms:

(a). Kpọmkpọm

(b). Rikọm Elu

©. Akara Uhie

3. Give three examples each of the following.

(a). Kpọm

(b). Rịkọm Ngwu

©. Akara Nkudo

4. Explain the term Nsepụokwu

5. Apply the correct punctuation in the following sentence
(a) Ị ma ihe ị ga-eme tinye ọmụmụ gị nọrụ
(b) Ọ sị, ike gwụrụ m
©. Ahụrụ m gị n'anya
(d). Mary gara ahịa.

6. List twelve forms of punctuation

7. Identify the following punctuation symbols
(a). – ______
(b). " " ______
©. ... ______
(d). , ______
(e). / ______
(f). ( ) ______

8. How many punctuations are in the following sentence?
(a). Ị na-asụ Bekee/Igbo? ______
(b). Abụ m onye obodo … ______
©. Agụụ gị na-agụ m ______
(d). Ị kacha m oke mkpa. ______
(e). Ị na-egbu ka ọkụ! ______

Chapter Seven

Numbers, Shapes, Colours, Dates and Time

7.1 Cardinal, Ordinal, and Collective Numerals

Currently, counting in Igbo is based on decimal (10) after the old version of base 20 could not make its way into the evolving Igbo society. Examples of the old version are Ọgụ (20) and Nnụ (400). This system had the challenge of satisfying trade and counting that falls into decimal (base 10), as a result, the society embraced the use of modern methods. The modern method could reach farther and up to trillion counts while the old version was unable to get there. The following are decimal (10) base counting systems currently in use in Igbo land.

Cardinal numbers

A Cardinal number is a number that says how many of something are there. The following are cardinal numbers in Igbo language.

English		**Igbo Language**
Words	Figures	Ọnụọgụgụ
Zero	0	efu
One	1	otu
Two	2	abụọ
Three	3	atọ
Four	4	anọ
Five	5	ise
Six	6	isii
Seven	7	asaa
Eight	8	asatọ
Nine	9	iteghete/itoolu
Ten	10	iri

Eleven	11	iri na otu
Twelve	12	iri na abụọ
Thirteen	13	iri na atọ
Fourteen	14	iri na anọ
Fifteen	15	iri na ise
Sixteen	16	iri na isii
Seventeen	17	iri na asaa
Eighteen	18	iri na asatọ
Nineteen	19	iri na iteghete/itoolu

Twenties

Twenty	20	iri abụọ
Twenty-one	21	iri abụọ na otu
Twenty-two	22	iri abụọ na abụọ
Twenty-three	23	iri abụọ na atọ
Twenty-four	24	iri abụọ na anọ
Twenty-five	25	iri abụọ na ise
Twenty-six	26	iri abụọ na isii
Twenty-seven	27	iri abụọ na asaa
Twenty-eight	28	iri abụọ na asatọ
Twenty-nine	29	iri abụọ na iteghete/itoolu

Tens, Hundreds and Thousands

Thirty	30	iri atọ
Forty	40	iri anọ
Fifty	50	iri ise
Sixty	60	iri isii
Seventy	70	iri asaa
Eighty	80	iri asatọ
Ninety	90	iri iteghete/itoolu
One hundred	100	Otu narị
One thousand	1000	Otu puku
One million	1,000,000	Nde
One billion	1,000,000,000	Njeri
One trillion	1,000,000,000,000	Ndeende
Infinity/Uncountable		Agụgata agba awaa

Ordinal numbers

An Ordinal number is a number that tells the position of something in a list. The following are ordinal numbers in Igbo language.

English language		**Igbo language**
Words	Figures	Ọnụọgụgụ
First	1st	nke mbụ
Second	2nd	nke abụọ
Third	3rd	nke atọ
Fourth	4th	nke anọ
Fifth	5th	nke ise
Sixth	6th	nke isii
Seventh	7th	nke asaa
Eighth	8th	nke asatọ
Ninth	9th	nke itoolu
Tenth	10th	nke iri
Twentieth	20th	nke iri abụọ
Thirtieth	30th	nke iri atọ
Fortieth	40th	nke iri anọ
Fiftieth	50th	nke iri ise
One hundredth	100th	nke otu narị
One thousandth	1000th	nke otu puku
One millionth	1,000,000	nke otu nde

Multiplicative Numbers

Multiplicative numbers represent repetition and do not represent any value higher than three. It is often used to describe an action or attempt that exceeds previous or several previous actions or attempts.

English language	**Igbo language**
Words	Ọnụọgụgụ
Once	otu ugboro
Twice	ugboro abụọ
Thrice	ugboro atọ

Partitive Numbers

Partitive numbers is used to refer to only a part of a whole. It can also represent equal parts into which something is or can be divided.

English language		Igbo language
Words	Figures	Ọnụọgụgụ
Half	½	Ọkara/nkeji abụọ
Quarter	¼	Nkeji nke anọ
Three quarter	¾	Nkeji atọ

Collective Numeral

A collective numeral is a numeral that signifies that several persons or things are considered as one group or whole.

Words	*referring to humans*	*referring to things*
English	**Igbo language**	
Twins/double	Ejima	ọgbara abụọ
Triplets/triple	Mmaji/Ejima atọ	ọgbara atọ
Quadruplets	Mmaji/Ejima anọ	ọgbara anọ

7.2 Days and Time (Oge na Ubochi)

Days of the week

Monday	monde
Tuesday	tuzde
Wednesday	wenzde
Thursday	tọzde
Friday	fraide
Saturday	satude
Sunday	ụbọchị ụka

Time

Morning	Ụtụtụ
Afternnoon	Ehihie
Night	Abalị
Evening	Mgbede (Uhuruchi)
Midnight	Ndeeri
Early morning	Ụzọ ụtụtụ

Start	Mbido
End	Nkwụsị
Early	N'oge
Now	Kịta
Today	Taa/Tata
Tonight,	Abalị taa/Abanị tata
Tomorrow	echi
Yesterday	Ụnyaahụ/ụbọchị gara aga
Future	Oge na-abịa
Past	Oge gara aga
Forever	Ebighi ebi
Days	Ụbọchị
Weeks	Izuụka
Month	Ọnwa
Year	Afọ

Clock	**elekere**
Seconds	tịkọm tịmkọm.
Minutes	nkeji
Hour	elekere/awa (okwu mbite)
One O'clock	otu elekere
Two O'clock	elekere abụọ
Three O'clock	elekere atọ
Four O'clock	elekere anọ
Five O'clock	elekere ise
Six O'clock	elekere isii
Seven O'clock	elekere asaa
Eight O'clock	elekere asatọ
Nine O'clock	elekere iteghete/itoolu
Ten O'clock	elekere iri
Eleven O'clock	elekere iri na otu
Twelve O'clock	elekere iri na abụọ

Saying the time:

	Igbo	**English**
(a).	O jirila nkeji iri abụọ gafee elekere ise nke ụtụtụ	*It's twenty minutes past five am/in the morning.*

(b).	O jirila nkeji iri abụọ na ise gafee elekere iri nke ụtụtụ.	*It's twenty-five minutes past ten am/in the morning.*
©.	Elekere asaa nke ụtụtụ a kụọla	*It's seven O'clock in the morning.*
(d).	O jirila nkeji iri atọ na ise gafee elekere iri nke ehihie.	*It's thirty-five minutes past ten pm/in the afternoon.*
(e).	O jirila ọkara gafee elekere iri na abụọ nke ụtụtụ.	*It's half past twelve am/ in the morning.*
(f).	Ọ fọdụrụ nkeji iri na ise ka elekere iri nke ụtụtụ kụọ.	It's fifteen munites to ten am/in the morning.

7.3 Musical Instruments in Igbo

Drum	Nkwa	*Bongos*	Ịgba
Metal gong	Ogele/Ogene	*Slit drum*	Ekwe
Rattle	Ịchaka	*Pot drum*	Udu
Flute	Ọja	*Metal rattle*	Ọyọ
Bell gong	Alo	*String Guitar*	Ụbọ
Wooden strings	Ụbọ akwara	*Shake seed*	Ekpiri
Bell	Mgbịrịmgba		

7.3 Shapes and Colours (Agba)

Shapes:

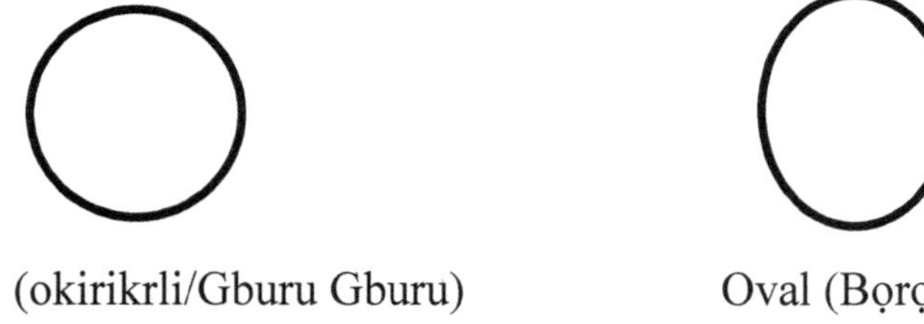

Circle (okirikrli/Gburu Gburu) Oval (Bọrọ Bọrọ)

Triangle (Ọnụ-atọ)

Square (Nhataọnụanọ)

Rectangle (Nhata abụọ ọnụanọ)

Cylinder (Okpokoro)

Sphere (Ọkpụrụkpụ/Ogbe)

Star (Kpakpando)

Heart (Ọdịdị obi)

7.4 Colours (Ọdịdị)

Colour:

Oji	black
Aja aja	brown
Mmemme/ọbara ọbara	red
Uhie-edo, oroma	orange
Edo edo	yellow
Ndu ndụ	green
Anụnụ anụnụ	blue
Odo odo	purple

Uhie ọcha	pink
Ododo	violet
Ntụ ntụ	grey
Ọcha	white
Ọla ocha	silver
Ọla edo	Gold

Exercise

1. Write down the following numbers in Igbo words

(a). 129

(b). 2020

©. 1,000319

(d). 2112

(e). 1,000,000

2. Write down the following time in Igbo words

(a) 10.05 am

b) 2.45 pm

©. 11.55 p.m.

(d). 12 noon (pm)

3. What are the Igbo words for the following?
a. Today ______________________
b. Tonight ______________________
c. Now ______________________
d. Tomorrow ______________________
e. Yesterday ______________________

4. Write down the following colours in Igbo words
a. Red ______________________
b. Yellow ______________________
c. Orange ______________________
d. Grey ______________________
e. Pink ______________________

5. List three round shapes in Igbo words
____
____
____

6. Mention any four shapes in Igbo words.
____
____
____
____

7. What are the Igbo words for the following?
a. Gold ______________________
b. Silver ______________________
c. Grey ______________________
d. Black ______________________
e. White ______________________

Chapter Eight
Unique Igbo Language Structure

8.1 Referential Verbs in Igbo:
A referential verb is a type of verb that refers to or denotes a specific entity. These verbs play a crucial role in connecting or linking one object to another. Common referential verbs include forms of "to be" such as "am," "is," "are," "was," "were," "being," and "been". In the context of referential verbs, referentiality refers to the relationship between objects.

A verb of being or referential verb in Igbo grammar has a specific function; it indịcates the identification or presence of a noun rather than depicting action. The verb, "is" is the equivalent of "bụ"/"dị" in Igbo language. The equivalent of in Igbo, "bụ" and "dị" are the two verbs that express a state of being or presence as opposed to an action. These verbs are distinguished from dynamic verbs, which emphasize particular acts or activities and are not interchangeable with each other.

For example:

a)	Abụ m onye ode akwụkwọ.	*I am an author.*	*(status)*
b)	Abụ m nwoke/nwaanyị.	*I am a man/woman.*	*(status)*
c)	Ha bụ ụmụ akwụkwọ.	*They are students.*	*(status)*
d)	Ọ bụ dọkịta.	*He is a doctor.*	*(status)*
e)	Obi dị ya ụtọ.	*He is happy.*	*(state)*
f)	Akwụkwọ ahụ dị na tebụl.	*That book is on the table.*	*(location)*
g)	Akwụkwọ ahụ bụ nke m.	*That book is mine.*	*(status)*

1. Verbs for status (abụmabụ ihe): "bụ" an Igbo verb of being. It is used as a linking verb as well as referential verb. It indicates existence, identity, or a state of being.

a)	Anyị bụ mmadụ.	*We are humans.*"
b)	Chukwu bụ onye okike.	*God is the Creator.*"

c) Enwe bụ anụ ọhịa. *"Monkey is an animal."*
d) Emeka bụ eze Igbo. *"Emeka is an Igbo king."*
e) Ugo bụ nwata akwụkwọ. *"Ugo is a student."*
f) Ọ bụ nwaanyị. *"She is a woman."*

2. Verbs for status/nature/condition: "dị". Referential verbs express facts, descriptions, and relationships. They allow us to convey information about the world around us. "dị" is used to express the nature of things—that is how they are: texture, quality, taste, and character and so on. In this case, we use "dị".

a) Ije dị anya. *"The journey is far."*
b) Ikenna dị ike. *"Ikenna is strong."*
c) Ọ dị njọ. *"It is bad."*
d) Ọ dị ọcha. *"It is white."*
e) Ọ dị ụtọ *"It is sweet."*
f) Ọ dị ime. *"She is pregnant."*

Following the above examples, the state-of-being verb for status/nature/condịtion does not accept other state-of-being verbs like: *"nọ"* or *"bụ"* in place of *"dị"*. It is wrong to use state-of-being verbs for status/nature/condịtion as follows:

a) *Ije nọ anya.
b) *Ikenna nọ ike.
c) *Ọ nọ njọ.
d) *Ọ nọ ọcha.
e) *Ọ nọ ụtọ.

Referential verbs serve as linguistic bridges, linking our understanding of reality.

8.2 Cardinal number unique position:

The lowest cardinal number "one" holds a unique position in Igbo grammar. It is used to denote a single person or thing for easy identification. In English, numerals typically precede the nouns they quantify, indicating their count. However, in Igbo language, this pattern differs slightly. Specifically, only the numeral "otu" (one) precedes the noun it quantifies, while the rest of the numerals in Igbo follow after the nouns they quantify.

Interestingly, the Igbo ordinal number for "one," which is "mbụ," adheres to the standard placement of cardinal numerals after the quantified nouns in a sentence. Words that indịcate position or rank in sequential order—of size, importance, chronology, and other factors—are known as ordinal numerals or ordinal number words in linguistics (e.g., "first, second," "third", "tertiary").

For examples:

English	**Igbo Language**
One orange	otu oroma
Two bananas	unere abụọ
Three books	akwụkwọ atọ
Four children	Ụmụ/ Ụmụaka/ Ụmụntakịrị anọ
Five stars	kpakpando ise
Six erasers	nchicha isii
Seven cups	iko asaa
Eight spoons	ngajị asatọ
Nine candles	ederi iteghete/itoolu
Ten plates	efere iri

Example with ordinal number, "first":

English	**Igbo Language**
first orange	oroma mbụ

8.3 Days and Time (Oge na Ụbọchị)

In expressing day and time in Igbo, the numeral "otu" (one) precedes the noun it quantifies, while the rest of the numerals in Igbo follow the nouns they quantify. However, the number for "one," which is "mbụ," in ordinal numeral adheres to the standard placement of cardinal numerals after the quantified nouns in a sentence. This case is unique specifically for the first ordinal. For examples:

Time

One Morning	Otu Ụtụtụ
One Afternoon	Otu Ehihie
First Night	Abalị Mbụ
One Evening	Otu Mgbede (Uhuruchi)
First Midnight	Ndeeri Mbụ
One Early Morning	Otu Ụzọ Ụtụtụ

One Day	Otu Ụbọchị
First Weeks	Izuụka Mbụ
One Month	Otu Ọnwa
One Year	Otu Afọ

Clock	**Elekere**
One Second	Otu Tịkọm Tịkọm.
Two Minutes	Nkeji Abụọ
First Hour	Elekere/Awa (Okwu Mbite)
One O'clock	Otu Elekere
Two O'clock	Elekere Abụọ
Three O'clock	Elekere Atọ

This distinction underscores the important differences in numeral placement between Igbo cardinal "otu" ('one") and Igbo ordinal mbụ ("first"), highlighting the unique sentence structure in Igbo linguistic systems.

Exercise

Fill-in-the-blank questions:

1. Nwamba ahụ ____ ojii. *(bụ or dị)*	*The cat is black.*
2. Ọ ____ nọọsụ. (bụ or dị)	*She is a nurse.*
3. Ha ____ ndị nkuzi. (bụ or dị)	*They are teachers.*
4. Ọ ____ onye ọzụzụ atụrụ. (bụ or dị)	*He is a shepherd.*
5. A___ m mma. (bụ or dị)	*I am fine.*
6. Nkịta ____ obere nwa nkịta. (bụ or dị)	*The dog is a small puppy*
7. Anyị ____ ndụ. (bụ or dị)	*We are alive.*
8. Ị ___ njọ. (bụ or dị)	*You are bad.*
9. Ala ụlọ ahụ __ ọcha. (bụ or dị)	*The floor is cleaned.*

Express your answers in both cardinal and ordinal where applicable in the following questions.

10. If the clock shows 1 AM, what time would it be after one minute?
11. If it's 12:20 PM now, what time would it be in 40 minutes?
12. What time would it be when the clock shows 7:45 PM?
13. If it's 11:45 PM now, what time would it be in 30 minutes?

Chapter Nine

Words and Opposite (Okwu na Azụ okwu)

9.1 Words and opposite

English	**Igbo**	**English**	**Igbo**
Alive	*(ịdị) ndu*	dead	*(ịnwụ) ọnwụ*
All	*niile*	none	*o nweghi*
Allow	*kwe*	forbid	*gbochie*
Already	*emeela*	not yet	*ọ bụbeghi*
Always	*oge nille*	never	*ọ dịghị*
Ancient	*oge ochie*	modern	*oge ugbua*
Angel	*mmụọ ozi*	devil	*ekwensu*
Animal	*anụmanụ*	human	*mmadụ*
Annoy	*mkpasu iwe*	satisfy	*iju afọ*
Answer	*zaa*	ask	jụọ
Answer	*zaa*	question	*ajụjụ*
Apart	*iche*	together	*otuebe/ọnụ*
Argue	*arụmụụka*	agree	*kwere*
Arrest	*nwuchi*	free	*nwere onwe*
Arrival	*nlọta*	departure	*ọpụpụ*
Arrive	*mbata*	depart	*pụọ*
Artificial	*akamere*	natural	*mbupụtaụwa*
Asleep	*n'ụra*	awake	*nteta/mụanya*
Attack	*nlụso ọgụ*	defend	*nchebe*
Attack	*nlụso ọgụ*	defense	*nchebe*
Back	*azụ*	front	*ihu*
Backward	*azụ*	forward	*ihu*
Bad	*ọjọọ*	good	*mma*
Big	*nnukwu*	small	*obere*
Bottom	*okpuru*	top	*elu*

Boy	*nwata nwoke*	girl	*nwata nwaanyị*
Brave	*dimkpa*	cowardly	*onye ụjọ*
Break	*gbarie*	fix	*dozie*
Broad	*mbasa/n'uju*	narrow	*warara*
Catch	*jide*	miss	*enwetaghi ihe*
Ceiling	*uko*	floor	*ala*
Clever	*amamihe*	stupid	*nzuzu*
Close	*mechie*	open	*meghe*
Closed	*mechiri*	open	*meghere*
Death	*ọnwụ*	birth	*ọmụmụ*
Deep	*omimi*	shallow	*emighi emi*
Empty	*tọgbọrọ n'efu*	full	*juru eju*
End	*kwụsị*	begin	*bido*
Endịng	*ọgwụgwụ*	beginning	*mmalite*
Enemy	*onye iro*	friend	*enyi*
Enjoy	*kporie ndụ*	hate	*kpọasị*
Enter	*banye/bata*	leave	*pụọ/pụta*
Entrance	*ụzọ mbata*	exit	*ụzọ-ọpụpụ*
Equal	*nhata*nha	difference	*ndịmiche*
Even	*nhara*	odd	*adabaghị*
Excited	*obi aṅụrị*	calm	*obi jụụ*
Exclude	*wepụ*	include	*gụnye*
Failure	*ọdịda*	success	*ọganiru*
False	*asị/ugha*	true	*eziokwu*
Far	*toro aka*	near	*dị nso*
Few	*obere*	many	*ọtụtụ*
Final	*ikpeazụ*	first	*mbụ*
Find	*chọta*	lose	*tufu*
Finish	*mecha*	start	*bido*
Follow	*soro*	lead	*dube*
Foreign	*nke mba ọzọ*	domestic	*nke mba anyị*
Foreign	*ndị mba ọzọ*	native	*ndị mba anyị*
Form	*mepụta*	destroy	*mebie/bibie*
Fortune	*chi ọma*	bad luck	*chi ọjọọ*
Fresh	*ọhụrụ*	old	*ochie*
Health	*ahụike*	disease	*ọrịa*
Healthy	*ahụike*	ill	*ahụ adịghị ike*

Heaven	elu ígwē	hell	*ọkụ mmụọ*
Heavy	*dị arọ*	light	*dị mfe*
Host	*onye nnabata*	guest	*onye ọbịa*
Huge	*buru ibu*	tiny	*pere mpe*
Humane	*obi mmadụ*	cruel	*obi ọjọọ*
Humid	*iru mmiri*	dry	*nkọcha*
Hunger	*agụụ*	thirsty	*akpịrị ịkpọ nkụ*
Husband	*di*	wife	*nwunye*
Ignore	*leghara anya*	notice	*mara*
Import	*bubata*	export	*mbupu*
In	*n'ime*	out	*mpụta*
Left	*n'aka ekpe*	right	*n'aka nri*
Life	*ndụ*	death	*ọnwụ*
Light	*ìhè*	dark	*ọchịchịrị*
Like	*ịhunanya*	hate	*akpọmasị*
Liquid	*mmiri mmiri*	solid	*nke siri ike*
Little	*obere*	big	*nnukwu*
Live	*dị ndụ*	die	*nwụọ*
Long	*ogologo*	short	*mkpụmkpụ*
Lose	*daa*	win	*merie*
Loud	*ụda*	quiet	*jụụ*
Love	*ịhunanya*	hate	*akpọasị*
Lovely	*mara mma*	terrible	*jọrọ njọ*
Low	*dị ala*	high	*dị elu*
Lower	*budaa*	raise	*bulie*
Major	*isi*	minor	*ntakịrị*
Male	*oke*	female	*nwunye*
Miss	*enwetaghi ihe*	catch	*jide*
Moon	*ọnwa*	sun	*anyanwụ*
More	*nyekwuo*	less	*pere mpe*
Nasty	*agwa ọjọọ*	nice	*agwa ọma*
New	*ọhụrụ*	Ancient	*mgbe ochie*
Night	*abalị*	day	*ụtụtụ*
Plenty	*ọtụtụ*	lack	*ụkọ*
Rear	*azụ*	front	*ihu*
Rude	*nkamanya*	polite	*nkwanye ugwu*
Rural	*ime obodo*	urban	*obodo mere mepere*

Sad	*nwute*	happy	*obi ụtọ*
Smooth	*mụrụ mụrụ*	rough	*adịghị mụrụ*
Some	*ụfọdụ*	many	*ọtụtụ*
South	*ndịda*	north	*ugwu*
Town	*obodo mepere*	village	*ime obodo*
Ugly	*njọ*	beautiful	*mma*
Under	*n'opkuru*	over	*ngafe*
Wide	*obosara*	narrow	*warara*
Woman	*nwaanyị*	man	*nwoke*
Work	*ọrụ*	rest	*izu ike*

9.2 Singular and Plural (Mkpọlu na Ụbara)

A singular noun addresses one person, place, thing, or idea. A singular noun in a sentence makes that sentence a singular expression. If you look at or identify one object and name it, that name is an example of a singular noun. For example, there is one sun in the sky during the day and one moon in the sky at night. In these examples, the nouns sun, sky, moon, day, and night are all singular because they indịcate only one.

On the other hand, a plural noun addresses more than one person, place, thing, or idea. A plural noun in a sentence makes that sentence a plural expression. If you look at or identify more than one object and name them as a group or combine them in your sentence, that is an example of a plural noun or sentence. For example, the herd of sheep, five stars, two pencils, and so on. There are seven methods of singular-to-plural conversion in Igbo language. The following are some of the categories with examples.

(1) Specialized plural words: In Igbo language, there are two main specialized plural words namely: ndị and ụmụ. The term "ndị" is often used to address people or persons while the term ụmụ is generally used to address children or offspring.

Singular	**Mkpoolu**	**Plural**	**Ụbara**
A person	Mmadụ	*People*	Ndị mmadụ
A prophet	Onye amụma	*Prophets*	Ndị amụma
Sheep	Nwa atụrụ	*herd of sheep*	Ụmụ atụrụ

Notice that singular nouns can be marked with the singular terms: *onye* and *nwa.* The plural noun is expressed with ndị or ụmụ. In a sentence, one can easily distinguish between singular and plural by singling out these special plural nouns. It is also important to note that the word "ụmụ" simply means "child", therefore can be used for objects where the word functions as an adjective.

Singular (mkpoolu) and Plural (Ụbara) sentences

Examples:

English	Igbo
A person has a right to freedom.	Mmadụ nwere ike nwere onwe.
People have the right to freedom.	*Ndị Mmadụ nwere ike nwere onwe.*
A doctor attends to the sick.	Onye dọkịta na-elekọta onye ọrịa.
Doctors attend to the sick.	*Ndị dọkịta na-elekọta onye ọrịa.*
He/she bought this book.	Ọ zụtara akwụkwọ a.
They bought these books.	*Ha zụtara akwụkwọ ndị a.*

It is important to mention that the plural "ndị" unlike "ụmụ" sometimes does not follow the normal pattern of its placement before the noun, but it can be placed after the noun it pluralizes. This is because "ụmụ" basically serves the purpose of pluralizing nouns of reproductive capacity, and thus are mostly used for humans and animals. The following are examples of where "ndị" is placed after the noun it pluralizes.

Singular clause	**Igbo**	**Plural clause**	**Igbo**
That egg	Akwa ahụ	*Those eggs*	Akwa ndị ahu
That plate	Efere ahụ	*Those plates*	Efere ndị ahụ.
This chick	Ọkụkọ a	*These chicken*	Ọkụkọ ndị a

(2) Pluralization through morphemes: "ga" and clitic pronoun "unu" with vowel dropping of "u" are the major morphemes that are used in Igbo language to pluralize a singular noun. A morpheme is a meaningful morphological unit of a language that cannot be further divided. It is also a morphological element considered concerning its functional relations in a linguistic system. The use of "ga" for plural occurs mostly in dialect, whereas "nu" is more universal and less conflicting during usage.

Example using *"ga":*

Singular	**Plural**	**Dialect (PL)**	**Universal (PL)**
Deity	*Deities*	Arusi ga	ụmụ arụsị
Human	*Humans*	Mmadụ ga	Ndị mmadụ
Spirit	*Spirits*	Mmụọ ga	Ụmụ mmụọ
Angel	*Angels*	mmụọzi ga	Ndị mmụozi

Examples using *"nụ"*:

Singular	**Plural**	**Common**	**Standard**
Come	*You come*	Bia-nụ	Unu bịa
Go	*You go*	Ga-nụ	Unu bịa
Drink tea	*You drink tea*	Ṅụọ-nụ tii	Unu ṅụọ tii.
Eat	*You eat*	Rie-nu nri	Unu rie nri
Hello	*Hello*	Ndeewo-nụ	Ndeewo-nụ
Hi/Well-done	*Hi/Well-done*	Daalu-nụ	Daalu-nụ
Thank you	*Thank you all*	I meela-nụ	Unu emeela

Notice that when "ga" is used to pluralize a word, it does not become a suffix to the word it pluralizes. Remember that pluralization deals with nouns and not with verbs, as a result, "ga" cannot be affixed to the name of a person, animal, thing, place, or idea as a morpheme. However, because "nu" is a clitic of the pronoun "unu" (second person plural); it can become a suffix to the verb that it follows.

(3) Pluralization through quantifiers and numerals:

In the English language, pluralization of nouns using quantifiers and numerals follow the method of use of specific numeral to quantify the noun. In Igbo language, the quantifying word are placed after the noun and the noun itself does not modify or take any sort of plural marking feature like "s", "es" "ves" etc as in the case of English language. Quantifiers in Igbo language include:

English	**Igbo**
All	dum/niile/ncha
Most	imirikiti
Few	olemaole
Many	ọtụtụ
Some	ụfọdụ

When numerals are used, the noun could either be expressed in plural form and have the numerical value as a quantifier or they would remain unchanged and assume their pluralization on the basis of the quantifying value.

a. Example of unchanged pluralized Igbo noun:

English	**Igbo**
Two Chicken	Ọkụkụ abụọ

Four books	Akwụkwọ anọ

b. Example of post-pluralized Igbo noun:

English	**Igbo**
Many bachelors	ọtụtụ ndịikom
Many young men	ọtụtụ ụmụ okorobịa
Most Spinsters	imirikiti ndịiyom
Few young women	ụmụ olemaole agbọghọbịa

Quantifiers that occur at the same time as other plural elements in appropriate compositions do exist. They are sometimes considered nouns with multiple plural elements. See examples "a" and "b" below:

a. *Many old people died of coronavirus.*	Ọtụtụ ndị okenye ka ọrịa koronavayịrọsụ gburu.
b. *Few students study their books.*	Ụmụ akwụkwọ olemaole na-agụ akwụkwọ ha.
c. *All fingers are not equal.*	Mkpịsị aka niile ahaghị

Notice that in example "c" above, the quantifier "niile" (all) came after the word that it modified, unlike other quantifiers. Another example is the word "dum" which follows the step of the quantifier "niile". The word "dum" comes after the noun that it modifies, but unlike "niile" which is a plural word, "dum" is a collective plural which makes its expression to appear in singular form.

Examples:

a. Ka mmadụ dum ja Chineke mma.	*Let every human give God praise.*
b. Mmadụ dum maara ihe na-eme ha obi ụtọ.	*Everyone knows what makes them happy.*

Plural quantifiers that preceed the noun they modify are: olemaole, ụfọdụ (few), ọtụtụ and imirikiti. These quantifiers come before the noun they pluralize.

a. *Few students study at their home.*	Ụmụ akwụkwọ olemaole na-agụ akwụkwọ n'ụlọ ha.
b. *Some products are expensive.*	Ụfọdụ ngwa-ahịa dị oke ọnụ.

(4) Pluralization through collective/mass noun:

A collective noun is a word that denotes a group of people or things. Examples of collective nouns are team, group, herd, etc. In Igbo language, the examples of collective nouns are ajụ, ìgwé, igwurube, oyoko and ukwu.

Example:

Crowd	ìgwé	*bunch*	ụyọkọ
Flock	ìgwé	*bundle*	ukwu
Group	ìgwe/igwurube	*comb/bunch*	ajụ
Herd	ìgwé	*library*	ọba (akwụkwọ)
Swarm	igwurube	*choir*	ukwe

When any of the above collective nouns are used before singular nouns, they become plural. And when used before certain plural nouns e.g. policemen (ndị uweojii), they become a massive form of the plural.

For example:

English expression	**Igbo**
A flock of birds	ìgwé nnụnnụ
A herd of sheep	ìgwé atụrụ
A crowd of people	ìgwé mmadu
A group of guinea pigs	ìgwé oke Bekee
A swarm of bees	igurube aṅu
bunch of keys	ụyọkọ igodo
bundle of woods	ùkwù ǹkụ́
comb of banana	ajụ unere
library of book	ọba akwụkwọ
choir of angels	ukwe ndị mmụọ ozi
A series of events	usoro ìhé omume
A group of policemen	igwurube ndị uweojii

(5) Pluralization through conjunction:
A conjunction of a word is used to connect clauses or sentences or to coordinate words in the same clause (e.g. *and*, *but*, *if*). When a conjunction joins two singular nouns or noun participle together, they produce plural expressions. In Igbo language, this plural form is not usually noticeable, because pluralization does not often modify the noun or verb in the sentence. For examples:

English	**Igbo**
Emeka and Chịdị are friends.	Emeka na Chịdị bụ enyi..
Kanụ na Eze are singing.	Kanụ na Eze na-agụ egwu.
Ngozi's parents are here.	Nne na Nna Ngozi nọ ebe a.

He/She has my bag and pen.	O ji akpa na mkpịsị odide m.
Nmadị and I are brothers.	Mụ na Nnamdị bụ nwanne.

(6) Pluralization through reduplication:

Reduplication is a system of pluralization by which a syllable or other linguistic element is repeated exactly to express plural in Igbo language. The pluralized noun usually occurs at the end of the clause or statement and may occur occasionally at the beginning of a sentence.

For example,

English	**Igbo**
This fish is full of bones.	Azụ a bụ sọ ọkpụkpụ ọkpụkpụ.
That village is all bushes.	Obodo ahụ bụ ọhịa ọhịa.
His barn is made of woods.	Ọba ya bụ osisi osisi.
Their home is full of people.	Ụlọ ha bụ sọ mmadụ mmadụ.
Enugu is full of tall buildings.	Ụlọelu Ụlọ elu juru n'Enugu.
Downtown is full of banks.	Ụlọakụ ụlọakụjuputara na Downtown.

(7) Pluralization of sensitive verb's prefixes:

Verbs such as *chi/chị* and *kpo* assume a plural form when prefixed to their root verbs. These prefixes in Igbo are used particularly for pluralization because of their sensitivity to plural arguments. These sensitive verbs are usually expressed in their past or past perfect tense.

For example:

Word	**Mkpoolu (Singular)**	**Ụbara (Plural)**
Brought	wetara	chịtara
Remove/took away	wepụrụ	kpopụrụ
Gave	nyere	chiyere

Expression

Amaka gave me a cocoyam.	*Amaka nyere m ede. (Singular)*
Amaka gave me cocoyams.	Amaka chiyere m ede. (Plural)
Eze removed a book	*Eze wepụrụ akwụkwọ. (Singular)*
Eze removed books	Eze kpopụrụ akwụkwọ. (Plural)
Ngọzị brought a bag	*Ngọzị wetara akpa. (Singular)*
Ngọzị brought bags	Ngọzị chịtara akpa. (Plural)

In addition, the plural prefix "nu" (surge) which has the singular form in "ga/fe", can also be used to pluralize nouns when added to verbs as the prefix. For example:

English	**Igbo**
A bee fly across the ocean	*Aṅụ gafere óké osimiri (Singular)*
Bees fly across the ocean	Aṅụ nufere óke osimiri (Plural)
A locust flew over the land	*Igwurube fefere n'elu ala (Singular)*
Locusts swept over the land	Igwurube nufere n'elu ala (Plural)
A car passed by my house	*Ụgbọ-ala gafere n'akụkụ ụlọ m (Singular)*
Cars passed by my house	Ụgbọala nufere n'akụkụ ụlọ m (Plural)

9.3 Comparative and superlative adjectives in Igbo language

Comparative adjectives

Comparative adjectives is used to measure or note the similarity or dissimilarity between two objects they modify. Examples of comparative adjectives are *larger, smaller, faster, higher,* etc. In Igbo language, comparative adjectives are used to compare two objects, events, and people. They are used in sentences where two nouns are compared for distinction and measurement.

The most common term to describe and compare something or someone is the term "ka". When two items are compared, the comparative adjective "ka" is often placed in between the two items that are being compared.

Comparative Adjectives that Add only "ka"

For the comparative adjectives that add "-er" in the end, Igbo language add the modifier "ka" which stands alone and goes before the noun that is being measured.

For example:

English		***Igbo language***	
Root word	**Comparison**	**Ogwe okwu**	**Itulerita/isikwu**
Big	Bigger	*nnukwu*	ka nnukwu
Bright	Brighter	*nchaapụ*	ka chapụ

Calm	Calmer	*nwayọọ*	ka nwayọọ
Fat	Fatter	*ibu*	ka ibu
Flat	Flatter	*(dị) larịị*	ka larịị
Happy	Happier	*obi ụtọ*	ka obi ụtọ
High	Higher	*(dị) elu*	ka elu
Large	Larger	*ibu*	ka ibu
Light	Lighter	*(dị) mfe*	ka mfe
Neat	Neater	*(dị) ọcha*	ka ọcha
Plain	Plainer	*larịị*	ka larịị
Rich	Richer	*ụba*	ka ụba
Sad	Sadder	*mwute*	ka mwute
Silly	Sillier	*nzuzu*	ka ezuzu
Soft	Softer	*dị nro*	ka nro

Note that in the above examples, some of the root words are preceded by "dị" which means "is" "Dị" in brackets is optional. This brings clarity and show the singularity of the adjective that is being compared.

Using Igbo Comparative Adjectives in a sentence:
When comparative adjectives are at play, the sentence generally follows this formula: Subject (Noun) + Verb + Comparative Adjective + Than + Direct Object (Noun). The second item of comparison can be omitted if it is clear from the context (final example below).

Examples

a. *This box is **smaller** than the one I lost.*	Akpatị/Igbe a pere mpe karịa nke m furu efu.
b. *Your dog is **faster** than Jim's dog.*	Nkịta gị na-agba ọsọ karịa nke Jim.

In the examples above, the comparison has the modifier "than (karịa)" which makes the expression easier to understand. However, you can make the comparison without using the modifier "than (karịa)," as you can see in the following examples.

Comparative Adjectives with two words description
The comparative adjectives that have word descriptions in Igbo language, verbs may be added after the modifier "ka" to make it easier to understand.

For example:

Wealthy	Wealthier	*ọgaranye*	ka baa ogaranye

Mad	Madder	*ịnyị ara*	ka anyị ara
Nasty	Nastier	*agwa ọjọọ*	ka akpa agwa ọjọọ

If the two-word translation that has a clear cut description, they are permitted to add only "ka" and some may have a modification of the leading word as you can find in "b" and "c" of the examples below:

Tasty	Tastier	*tọrọ ụtọ*	ka tọọ ụtọ
Pretty	Prettier	*mara mma*	ka maa mma
Small	Smaller	*pere mpe*	ka pee mpe

Subject (Noun) + Comparative Adjective + Direct Object (Noun) + (Verb +) Adjective

a. *My house is **larger** than hers.*	Ụlọ m ka nke ya.
b. *The rock is **higher** than a mountain.*	Nkume a ka úgwú elu.
c. *Jill is **faster** than Todd.*	Jill ka Todd agba ọsọ.
d. *My new car is **quieter** than my old one.*	Ugbọala m ka nke ochie m dị jụụ.

Comparative Adjectives using the reduplicate method.

The comparative adjectives that require accuracy and accentuation, are reduplicated. In the reduplication system, the two either be the same or permitted to have small modifications of the second word as you can find in the last example below:

English		**Igbo language**	
Root word	***Comparison***	**Ogwe okwu**	***itulerita/isikwu***
Fast	Faster	*ọsọ*	ọsọ ọsọ
Quick	Quicker	*ngwa*	ngwa ngwa
Dusty	Dustier	*uzuzu*	uzuzu uzuzu
Fit	Fitter	*dabara*	dabara adaba

"

There are two syllables for root adjectives, you generally place "more" or "less" before the adjective in place of the -er endịng. In Igbo language, the same method is used as in the above. Here are some examples:

English		**Igbo**	
Root word	***Comparison***	**Ogwe okwu**	***itulerita/isikwu***
Bitter	More/less bitter	*ilu*	ka/akaghị ilu

Clever	More/less clever	*nkọ*	ka/akaghị nkọ
Modern	More/less modern	*ọhụ*	ka/akaghi ọhụ
Beautiful	More/less beautiful	*mma*	ka/akaghị mma
Important	More/less important	*mkpa*	ka/akaghị mkpa

Irregular Adjective Forms

Finally, like irregular verbs, we have irregular comparative adjectives. When you're comparing two items, the following adjectives take on an entirely new word form.

English		**Igbo**	
Odd	Odder	*adabaghị*	adabaghịsị
Little	Less	*obere*	mpekarị

Examples in a sentence:

I have little time, but you have less time. Enwere m obere oge, mana oge nke gị pekarịrị.

9.4 Superlative adjectives

Superlative adjectives are used to compare three or more things. They are used in sentences where a subject is compared to a group of objects. Typically, superlative adjectives in Igbo language use "kacha", "kasị" or kachasị" (instead of "ka"), for example:

English	*Igbo*
the tallest	kasị ogologo
the smallest	kasị nta/ntakịrị/obere
the fastest	kasị ọsịịsọ
the highest	kasị elu

Noun (subject) + verb + the + superlative adjective + noun (object).

The group that is being compared with can be omitted if it is clear from the context.

For Examples.

a. *My house is the **largest** one in our neighborhood.*
   Ụlọ m **kasị/kacha(sị)** nke ndị agbataobi m ibu.

b. *This is the **smallest** box I've ever seen.*
   Igbe/Akpati a kachasị ndị ọzọ m hụbụrụ pee mpe

c. *Your dog was the **fastest** of any dog in the race.*
   Nkịta gị kasị nke ndị ọzọ agba ọsọ.

d. *My tree is the **tallest** in our yard.*
   Osisi m kasị ogologo na mbara ezi anyị.

Forming regular comparatives and superlatives

The forming of comparatives and superlatives is easy. The formation depends on the use of "*ka*" for comparative and *"kacha/kasị/kachasị*" for the superlative.

For example:

Adjective	Comparative	Superlative
Tall (*ogologo*)	taller (*ka ogologo*)	tallest (*kasị ogologo*)
Fat (*ibu*)	fatter (*ka ibu*)	fattest (*kachasị ibu*)
Big (*nnukwu*)	bigger (*ka nnukwu*)	biggest (*kacha(sị) nnukwu*)
Simple (*mfe*)	simpler (*ka mfe*)	simplest (*kasị mfe*)

Irregular comparatives and superlatives

These common adjectives have completely irregular comparative and superlative forms. However, in Igbo language, the system remains the same except for "little" in the last example below.

Adjective	Comparative	Superlative
Good (*mma*)	better (*ka mma*)	best (*kacha(sị) mma*)
Bad (*njọ*)	worse (*ka njọ*)	worst (*kasị njọ*)
Much (*ukwuu*)	more (*ka*)	most (*kasị/kachasị*)
Little (*obere*)	less (*ka pee mpe*)	least (*kacha/kachasị pee mpe*)
Sad (*mwute*)	sadder (*ka ewute*)	saddest (*kacha/kachasị ewute*)

Examples

a. *Your painting is **better** than mine.*
   Ihe eserese gị *ka* nke m mma.

b. *This is the **least** expensive sweater in the store.*
   Ọnụego uweoyii a ka ndị ọzọ dị n'ụlọ ahịa pee mpe.

c. *This sweater is **less** expensive than that one.*
   Ọnụego uweoyii a ka ndị ọzọ pee mpe.

d. *His house is far from town, but her house is even* ***farther****.*
   Ụlọ ya tere aka site n'ime obodo, mana nke ya ka tee aka.

6.5 Uses of "na" in Igbo language

The word "na" is one of the most important words in Igbo language. It is used in many applications in Igbo grammar and its function in a sentence determines how it is written in that sentence. There are five uses of 'na' in the Igbo language and they are:

a. Isingwaa (Main/Root verb)
b. Enyemaka ngwaa (Auxiliary Verb)
c. Njikọ (Conjunction)
d. Mbuuzo (Preposition)
e. Ikwughari íhé onye ọzọ kwuru (Reported speech)

a. Isingwaa (main/root verb):

The main verb also known as the lexical verb or the principal verb is a term used to refer an important verb in the sentence that typically shows the action or state of the subject being. When "na" functions as a main verb, it is written in full and standalone, without being hyphenated with the verb that follows it. If it has a suffix following it, that suffix joins with it to form one word.

For example:

a. nata ya ego ahụ — *get that money from him/her.*
b. nara ya akwụkwọ gị — *take your book from him/her.*
c. napụ ya mma ahụ — *snatch that knife from him/her.*
d. nara ekele m. — *accept my appreciation.*
e. Ị naara m okwu n'ọnụ — *You didn't let me finish (my words).*
f. Ọ naara m akpa — *He/She took the bag from me.*
g. Ọ naara gị uche gị — *He/She trick/deceived you.*
h. Ha nabatara ozi gị — *They accepted what you message.*

When "na" is followed by the negation "ghị" or "ghi", as a negated auxiliary verb, or "na" that has a suffix, the main verb "na" and the negating suffix "ghị" or "ghi" are written as one word.

For example:

a. Ọ naghị anụ íhé. — *He/She doesn't listen.*
b. M naghị egwu egwu — *I am not joking.*

c. Ha anaghị agụ egwu. *They are not singing.*
d. Anyị anaghị agazi *We aren't going.*

b. Nnyemaka ngwaa (auxiliary verb):

An auxiliary verb is a verb that adds functional or grammatical meaning to the clause in which it appears, so as to express tense, aspect, modality, voice, emphasis, etc. Auxiliary verbs usually accompany the main verb. The main verb provides the main semantic content of the clause. When "na" is used as an auxiliary verb, the actual verb and the auxiliary verb are written together with a hyphen separating the auxiliary verb from the main verb. "Na" helps the main verb indicate an event that is happening, going to happen, regular occurrences, or something that happens from time to time.

For example:

a. Eze na-awa ji *Eze is cutting/slicing yam.*
b. Obodo ha na-eme omenala ịwa ọjị kwa afo. *Their land performs the culture of breaking kolanut yearly.*
c. Nnukwu mmiri na-ezo n'ọnwa Jun Afo niile. *It usually rain heavily in the month June every year.*
d. Ben na-abịa ebe a *Ben is coming here.*
e. Anyị na-eti egwu *We are playing muic.*
f. Anyị bụ ndị otiegwu *We are musicians*

c. Njiko (Conjunction):

A conjunction is a part of speech that connects words, phrases, clauses or sentences together. In Igbo language, when "na" functions as a conjunction, it is written in full and as a standalone.

For example:

a. Obi na Ada gara ahịa *Ada and Obi went to the market.*
b. AbỊa na Imo bụ steeti ndị Igbo *Abịa and Imo are Igbo states.*
c. Eze na Ugo churu mmiri *Eze and Ugo fetched water.*
d. Ugo and Ngọzị bụ nnwanne *Ugo and Ngọzị are siblings.*

d. Mbuụzọ (Preposition): A preposition is a word that links a noun or pronoun to other words. It usually precedes a noun or pronoun and expresses a relation to another word or element in the clause. When "na" functions as a preposition, in a sentence or expression, when "na" is followed by a word that starts with a vowel, then "a" in "na" is removed and replaced with an apostrophe. This form of expression is known as vowel elision. Examples of three Igbo popular prepositions are: on, under and at expressed as n'elu (on top), n'okpuru (under), n'etiti (at the middle).

Examples are shown in the following sentences:

a.	Agụ bi n'ime ọhịa	*Tiger lives in the forest.*
b.	Anyị bi n'Enugwu	*We reside in Enugwu*
c.	Ọ biara n'ụkọ	*He/She arrived during famine*
d.	Òké nọ n'okpuru oche ahụ.	*There's a rat under that chair.*

However, when "na" is followed by a word that starts with a consonant, "a" in "na" remains. The "na" is written in full and as a standalone.

For example:

a.	Eze bi na Warri	*Eze lives in Warri.*
b.	Amaka nọ na be Ngozi	*Amaka is at Ngozi's house.*

e. Ikwugharị íhé onye ọzọ kwuru (Reported speech)

Reported speech also known as indirect speech is a means of expressing the content of statements, questions or other utterances, without quoting them explicitly as is done in direct speech. In Igbo language "na" is used to convert direct speech to indirect speech, in the form of demonstrative, present tense or future tense. In any of these situations, "na" is written in full and as a standalone.

For example:

a.	Ọ sị na ahịa na-agba ọkụ	*He/She said that the market is on fire.*
b.	Ha sị na ọ ga-emechi	*They said it would be closed down.*
c.	Ibe sị na ajụjụ gị dị mma	*Ibe said that your question is good.*

Let us now consider the verb sị, gwa, and kwu in the content of indirect speech.

a. Eze sị na ọ ga-enwetara gị akwụkwọ ajụjụ ule gị
Eze said that he would bring your exam question paper for you.
b. Eze sị na ya ga-alụ nwanne gị nwaanyị
Eze said that he would marry your sister.
c. Ada gwara anyị na ya ga-alụ Eze

Ada told us that she would marry Eze.

d. Obi gwara anyị (sị) na ya na Ugo jere ahịa
   Obi told us that Ugo and him went to the market.
e. Nnamdị kwuru na ya ga-abịa ubọchị ụka.
   Nnamdị said that he would come on Sunday.
f. Ngọzị kwuru (sị) na ya ga-asa akwa n'ehihie.
   Ngọzị said that he would do the laundry in the afternoon.

In the above examples, the root verbs "sị", "gwa" and "kwu" were used to show reported speech and some statement of assertions. In these examples, "sị" stood out as the only verb that introduces both direct and indirect speech complements.

EXERCISE

1. Choose from the bracket the right opposite of the word

(a). Death ____________ (omimi, ọnwụ, emighi emi)

(b). Birth ____________ (omimi, ọmụmụ, emighi emi)

©. Deep ____________ (omimi, ọmụmụ, emighi emi)

(d). Shallow ____________ (omimi, ọmụmụ, emighi emi)

(e). Empty ____________ (ọmụmụ juru eju, tọgbọrọ n'efu)

(f). Full ____________ (ọmụmụ juru eju, tọgbọrọ n'efu)

2. Indicate using (SG) and (PL) to show singular and plural in the following Igbo sentences.

(a). Ha zụtara akwụkwọ ndị a ____________

(b). Mmadụ nwere ike nwere onwe. ____________

©. Ndị mmadụ nwere ike nwere onwe ____________

(d). Ndị dọkịta na-elekọta onye ọrịa ____________

(e). Onye dọkịta na-elekọta onye ọrịa ____________

(f). Ọ zụtara akwụkwọ a ____________

3. What are the two specialized Igbo Words?

____

____

4. Give four examples of Pluralization through collective/mass noun

____

____

____

____

5. Give four examples of Pluralization through morpheme noun

____

____

6. List four uses of "na" in a sentence

(a). ____

(b). ____

(c). ____

(d). ____

7. Give four examples of Pluralization through reduplication noun

____

____

____

8. Fill in the gap with comparative adjective (ka ibu, ka obi ụtọ, ka larịị, ka nwayọọ, ka elu, ka ibu)

(a). Calmer ________________________________

(b). Fatter ________________________________

©. Flatter ________________________________

(d). Happier ________________________________

(e). Higher ________________________________

(f). Larger ________________________________

9. Give three examples of irregular comparatives and superlatives

____

____

____

____

10. Provide the superlative adjective of the following

(a). the tallest ____________________________

(b). the smallest ____________________________

©. the fastest ____________________________

(d). the highest ____________________________

Chapter Ten

Nature, Shapes, and Colours (Ndịnachi, Ọdịdị na Agba)

10.1 Nature and Weather (Ndịnachi na ihu ígwē)

Nature:

Cold	Oyi	Hot	Ọkụ Ọkụ
Lightning	Amụma ígwē	Thunder	Egbe elu ígwē
Wave	Ebili/Ebili Mmiri	Pond	Iyi
River	Osimiri	Lake	Ezu/Ọdọ Mmiri
Fire	Ọkụ	Hill	Ugwu
Land	Ala	Moon	Ọnwa
Root	Mgbọrọgwụ	Stone	Okwute
Sand	Aja	Sky/Heaven	Elu ígwē
Star	Kpakpando	Sun	Anwụ
Tree	Osisi	Wind/Air	Ikuku
Rainbow	Egwurugwu	Flood	Ide mmiri
Storm	Óké ifufe	Soil	Aja ala

10.2 Food, Meals Meats and Spices (Ngwanri)

English	**Igbo**
Beef	Anụ ehi/Anụ efi
Breakfast	Nri ụtụtụ
Cassava meal	Nri akpụ
Chicken (meat)	Anụ ọkụkọ
Dinner	Nri abalị/nri abanị
Egg	Àkwá
Shredded Oil Bean	Ụgba/Ụkpaka

Cassava strips	Abacha/Jigbọ
Fish	Azụ
Dry/Smoked fish	Mangala/Azụ ọkpọọ
Food	Nri
Garri	Gaarị/ụtara akpụ e ghere eghe.
Goat meat	Anụ ewu
Huger	Agụụ
Lunch	Nri ehihe
Ice	Okpokommiri
Maggi	Ogiri Beeke
Crayfish/Prawn/Shrimp	Ịsha
Meat	Anụ
Bushmeat	Anụọhịa
Oil	Mmanụ
Palm Oil	Mmanụ Akwụ/Mmanụ nri
Pork	Anụ Ezi
Pounded yam	Nri ji
Salt	Nnu
Soup	Ofe
stew	Ofe akwụ, ofe tomato.
Spices	Ngwanri
Spicy peanut paste	Oseọjị
Stock fish	Okporoko
Water	Mmiri

10.3 Fruits (Mkpụrụosisi), Root Tubers and :

African Butter Pear	Ube
African Star Apple	Ụdara
Apples	Apụl/Ụdara Bekee
Avocado	Ube Oyibo/Ube Bekee
Banana	Unere
Bell Pepper	Ose Mgbịrịgba
Breadfruit	Ukwa
Cassava	Akpụ
Cocoyam/Taro	Édè
Corn	Ọka
Eggplants	Añara/Afụfa

Fruit	Mkpuru osisi
Lemon	Oromailu
Garden Eggs	Añara/Afụfa
Grapes	Mkpụrụ Vaịn
Guava	Gova
Lime	Oroma nkịrịsị
Mango	Ugiri/Ujiri
Orange	Oroma
Palm Fruit	Mkpụrụ akwụ
Pawpaw/Papaya	Ọkwụrụ Oro/ Ọkwụrụ Bekee
Tomatoes	Otuboala
Pear	Ube(ọcha)
Pepperfruit	Mmịmị
Pineapple	Nkwụaba/Akwụoru/ọkwụrụ ụkwa
Plantain	Jioko/Ogeed/Abịrịka
Rice	Osikapa
Sour sop	Shawanshọpụ
Strawberry	Strọberị
Velvet Tamarind	Icheku
Watermelon	Anyụ Mmiri

10.4 Seeds (Mkpụrụ) And Nuts (Akụ/Akị)

Beans	Agwa
Groundnuts	Ahụekere/Apapa
Peanuts	Ahụekere/Apapa
Bitter Kola	Akị Ilu/Akụ Inu
Cowpea	Akịdị
Coconut	Akị Oyibo/Akị Bekee
Kernel	Aki
Kolanut	Ọjị
Wild Mango seeds	Ọgbọnọ
Locust Beans	Ogiri
Melon Seed/Egusi	Mkpụrụ Egwusi
Seed	Mkpụrụ
Groundnut	Ahụekere
Walnuts	Ụkpa
Cashew	Asiboko

10.5 Vegetable (Akwụkwọ Nri)

Bitter Leaf	Onugbu
Ginger	Jinja
Black Peppers	Ụzịza
Cayenne Pepper	Ose Talugwu
Habanero Pepper	Ose Onyinbo
Bell Pepper	Ose Bekee
Waterleaf	Mgbọlọdị
Mushroom	Ero
Okra	Ọkwụrụ
Onions	Yabasị/Alibasa
Pepper	Ose
Potatoes	Nduku
Pumpkin leaves	Ụgụ
Geen/Amaranth/Calaloo	Inine
Scent leaf	Nchanwụ
Pumpkin	Ụgbọgịrị
Salad	Saladị
Scotch Bonnetti	Ose Onyibo
Spinach	Aghara/Aṅara
Yam	Ji
Carrot	Abọtataa/Karọt
Broccoli	Brọkọlị
Lettuce	Lettusu
Cucumber	Anyụnda

Plants and Grasses

Branch	Ngalaba Osisi
Forest	Ọhịa
Sugarcane	Okpete

10.6 Beverages, Dairy, Baking and Snacks

Flour	Ụtụ
Coffee	Kọfị
Tea	Tii

Ice cream	Udeoyi/aịz kịrịm
Candy/Sweets	Ọmịyọ/Ihe nracha
Popcorn	Ọkaụdanta/Ọka agbara agba
Doughnut	Mgbadaume
Bread	Achịcha
Cake	Achịcha ụtọ
Cookies/Biscuits	Achịcha ọkpọọ
Orange juice	Mmiri oroma
Chocolate	Chọkọletị
French fries/Chips	Achịcha nduku
Sandwich	Achịcha awaị
Egg	Àkwá
Honey	Mmanụ aṅụ
Milk	Mmiri ara
Cereal	Achịcha ọka
Salt	Nnu
Sugar	Ọtọbịrịbịrị
Hot chocolate	Chọkọletị ọṅụṅụ
Pap/Cream of corn	Akamụ
Cheese	Chiiz
Pizza	Piza
Yogurt	Yogọt
Butter	Nriabụba/Mmanụ achịcha

Exercise

1. Mention any five fruits in Igbo words

____

____

____

____

2. Match the following the weather conditions below in Igbo words

(a). Cold	anwụ anwụ
(b). Harmattan	iyi
©. Snowy	oyi
(d). pond	ụgụrụ
(e). Sunny	ọdịda snoo
(f). Hot	mmiri
(g). Rainy	egbe elu ígwē
(h). lightning	osimiri
(i). thunder	ebili/ebili mmiri
(j). wave	amụma ígwē
(k). river	ikuku ikuku
(l). lake	ezu/ọdọ mmiri
(m). Windy	ọkụ ọkụ

3. What are the Igbo words for the following?

a. Banana ____________________

b. Twins ____________________

c. Sunday ____________________

d. First ____________________

e. Infinity ____________________

4. Write the Igbo words for the following:

a) Sandwich ____________________
b) Popcorn ____________________
c) Orange juice ____________________
d) Ice cream ____________________

e) French fries/Chips ____________________
f) Doughnut ____________________
g) Cookies/Biscuits ____________________
h) Chocolate ____________________
i) Candy/Sweets ____________________
j) Cake ____________________
k) Bread ____________________

5. What are Igbo name for the following meats and fish?

a) Beef ____________________
b) Pork ____________________
c) Chicken ____________________
d) Goat meat ____________________
e) Stockfish ____________________
f) Dry/Smoked fish ____________________
g) Crayfish ____________________

Chapter Eleven

Body, Dressing and Things (Ahụ mmadụ, Ejiji na Aha íhé)

11.1 Parts of human body

English	*Igbo*	*English*	*Igbo*
Head	ísí	*Hair*	ntutu isi
Eyes brow	nku anya	*Eyes*	anya
Ears	ntị	*Nose*	imi
Mouth	ọnụ	*Teeth*	eze
Tongue	ire	*Jaw/chin*	agba
Mustache	afụọnụ	*Shoulder*	ubu
Elbow/arm	ikiaka/ogweaka	*Palm*	ọbọaka.
Chest/heart	obi	*Breast*	árá
Hand	aka	*Fingers*	mkpịsịaka
Stomach	afo	*Belly button*	otubo
Hip/waist	ukwu	*Thigh*	agada
Knee	ikpere	*Leg*	ụkwụ
Toes	mkpịsịụkwụ	*Back*	azụ
Bottom	ike	*Foot*	ọbọụkwụ
Male genital	amụ	*Female genital*	ikpu/ọtụ

11.2 Human inner organs

Brain	ụbụrụ isi
Stomach	afọ/ime afọ
Liver	umeji
Lungs	ngụ/ngụgụ
Veins and artery	akwara
Gall bladder	oli ilu

Small intestine	obere eriri afọ
Large intestine	nnukwu eriri afọ
Heart	obi
Kidneys	akụrụ
Urinary bladder	akpa maamịrị
Womb	akpa nwa
Bones	ọkpụpkụ
Joints	njikọ okpukpu
Marrow	ụmị
Fat (meat)	abụba

11.3 Beauty/Fashion/Dressing:

English	Igbo
Bag	akpa
Bathrobe	ákwà ịsa ahụ
Belt	eriri ukwu.
Brassiere	ákwà ara
Blouse	uwe elu nwaanyị
Boots	buut
Bracelet/Bangle	mgbaaka
Brushes	nko
Cloak	ezo
Coat	kootu
Comb your hair	vụọ isi gị
Comb	mvọ
Cosmetics	uri
Mirror	enyo
Cream/Lotion	ude
Dress/gown	uwe mwụda
Dry off (body)	hichaa ahụ gị
Earrings	ihe ntị/ọla ntị/iyeri ntị
Garb	ejiji
Get dressed	jikere
Get undressed	yipu uwe gị
Glasses	ugegbe anya
Gloves	uwe aka/uwe mkpuchi aka

Hair	ntutu
Hair dryer	nchako isi
Hairbrush	Mvọ ajịisi
Hat/cap	okpu
high heel shoe	kọịkọị/kapụsụ
Iron your clothes	dee akwa gị
Hoodie	efe isi mkpuchi
Nail clipper	mkpamvọ/ mkpambọ
Necklace	iheolu
Nightclothes	uweụra
Paint	amama/uri
Perfume	tụsa tụsa
Pillow	nhiweisi
Polish	ude akpụụkwụ
Purse	nwa akpa
Raincoat	efe mmiri ozuzo
Ring	mgbanaka/ọlaaka.
Sandals	akpụkpụụkwụ mgbachi
Scarf	ịchafụ
Shampoo	nchantutuisi/shampoo.
Shaving stick	osisi ịkpụ ntutu
Shell/Vessel	ọkpọkọrọ
Shirt/T-shirt/Blouse	uwe elu
Shoes	akpụkpọụkwụ/akpụụkwñ
Shorts/nickers	uwe nta ụkwụ/obere nchara.
Skirt	uwe mwụda
Slippers	sịlịpasị
Socks	sọkịnsị
Suit	kootu ụdị ahụ
Sunglasses	ugebe ncheanwụ/enyo anya/ugegbeanya
Sweater	uweoyi/efeoyi
Swimsuit	uwe igwu mmiri
Tie/bow tie	eriri olu
Trousers	uwe ụkwụ ogologo
Underwear	ọbante
Wallet	obere akpa/akpantakịrị/Wọlletị
Wristwatch	ngụogeaka

11.4 Baths, Beddings and Laudry

Bathmat	utensaahụ
Mop	osisi nhicha ụlọ/ngwa nhicha
Bathroom	ụlọ ịsa ahụ
Bathtub	ọkụ̀nsaahụ
Tissue paper	akwụkwọ nhicha
Bed	àkwà
Bedroom	ime ụlọ/ụlọ àkwà
Bedsheet	uwe àkwà
Blanket	avarangidi
Clothes peg/pin	njido ákwà
Clothes	ákwà
Clothesline	ụdọ nkowe akwa
Curtain	akwa mkpuchi ụlọ
Cushion	ajụ
Go to bed	lakpuo ura
Hanger	nkowe uwe
Hangers	nkowe akwa
Have a bath	jee saa ahụ
Make your bed	dozie akwa ndịna gị
Shave	kpụọ afụọnụ
Shower (action)	saa ahụ
Shower (equipment)	opi nsaahụ/shawa
Sofa	oche ndabere
Soft	poko poko/nlo
Pillow	nchekweisi.
Wake up	teta/ kulie n'ụra
Toilet roll	akwụkwọ mposi
Toilet	ụlọ mposi/mposi
Toothbrush	ihe nchị eze/atụ Bekee
Toothpaste	ncha nchị eze/nchaeze
Towel	ákwà nhịcha ahụ/ákwà mmiri.
Washing machine	ígwè na-asacha/nsaákwà

11.5 Cleaning and Laundry

Recycling bin/Dustbin	nkata mkpofu
Detergent	ncha
Dish soap	ncha efere
Laundry basket	nkata nsa ákwà/nkata ọsịsa ákwà
Laundry detergent	ncha ọsịsa ákwà
Laundry	ọsịịsa ákwà
Soap powder	ncha pọwụda
Soap	ncha
Soapy water	mmiri ncha
Trash bag/Bin bag	akpa mkpofu ahịhịa/akpa mkpofu
Garbage bin	akpa mkpofu ahịhịa
Trash can	komkom mkpofu
Sweep the floor	zaa ụlọ
Sponge	ogbo
Wash the dishes	saa efere
Wash your clothes	saa ákwà
Wash your face	saa ihu/iru gi
Wash your hair	saa ntutu isi gị
Broom	azịza
Vacuum cleaner	azịza ígwè
Brush your hair	vọọ isi gị
Brush your teeth	chịa eze gị
Brushes	nko/nha isi
Bucket	bọkeeti
Vacuum cleaner	ígwè mkpocha uzuzu
Chimney cleaner	osisi nhicha anwụrụ uko
Oven	igbe ekwu nghe ihe
Broom and dustpan/parker	azịza na paka
Floor mop	osisi nhicha ala
scrub pad/iron sponge	osisi nkwocha ite
scrub brush	osisi nkocha ihe
cleaning rags	ragị
Linens & Towels	ákwà nhicha
Bucket and mop	bọketị osisi nhicha ala
Sanitizer	sanịtaịza

11.6 Object and things

English	Igbo
fork	ngaji ngwụta/ngajị ézē
spoon	ngajị
knife	mma
rope	ụdọ
pebble	mkpuru okwute
trough	ana ana/ala ala
peak	enu enu/elu elu
crest	enu enu/elu elu
charcoal	uyi
ladder	ubube/otube/obewe
guitar	ụbọ akwara
lamp	mpanaka
bottle	ololo/karama
Key	igodo
kitchen	usekwu
measure	tụọ
quantity	ole
size	hà
needle	ntutu/aga
Padlock	mgbachi
stairs	ihe nrigo ụlọ
deck/porch	oche mgbabiri
wall	mgbidi
Table	tebul
Radio	ngere ozi
Stone	okwute

Exercise

1. Write down the following parts of the body in Igbo words

a. Head ______________________

b. Eyes ______________________

c. Ears ______________________

d. Mouth ______________________

e. Shoulder ______________________

2. List any three inner human organs in Igbo words

____

____

____

3. Mention four dressing of the upper body in Igbo words.

____

____

____

____

4. What is the Igbo word for the following?

a. Bag ______________________

b. Shoes ______________________

c. Shirt ______________________

d. Skirt ______________________

e. Blouse ______________________

5. Match the following with appropriate Igbo words

(a). ngajị ngwụta	lamp
(b). ụdọ	peeble
(c). mkpụrụ okwute	quantity
(d). uyi	ladder
(e). ubube/otube/obewe	measure
(f). ụbọ akwara	bottle
(g). mpanaka	rope

(h). ololo/karama	charcoal
(i). igodo	ladder
(j). tụọ	key
(k). ole	fork

Chapter Twelve

Animals, Bird and Insects (Anụmanụ, Nnụnụ na Ahụhụ)

12.1 Domestic animals

Camel	Ịnyịya ibu
Cat	Nwamba/Nwologbo
Cattle	Ehi
Chick	Nwa Ọkụkọ
Cock	Oke Ọkpa
Cow	Ehi
Dog	Nkịta
Domestic Goose	Ọkwa ụlọ
Donkey	Jakị
Dove	Nduru (ala)
Duck	Ọbọgwụ
Female goat	Nne ewu
Fowl/Chicken	Ọkụkọ
Goat	Ewu,
Goldfish	Azụ ọlaedo
Guinea pig	Oke Bekee
Hen	Nnekwu
Horse	Ịnyịya
Male goat	Mkpi
Parrot	Icheku
Pig	Ezi
Pigeon	Nduru
Rabbit	Ewii

Ram	Ebule
Sheep	Atụrụ
Turkey	Torotoro
Wall gecko	Agụ ụlọ

12.2 wild animals

Africa Civet	Edi ụra
Antelope	Mgbada
Arctic wolf	Agụ nkwọ
Bat	Ụsụ
Bear	Ebu
Boa Constrictor	Eke ọgba
Buffalo	Atụ/Atụ edi
Camel	Ịnyịya ibu
Chameleon	Ogwumuagana
Chimpanzee	Adaka
Deer	Ele
Dolphin	Azụ dọfịn
Elephant	Enyi
Fox	Nyanwuruede
Gaboon Viper	Echi eteka
Galago/Bushbaby	Ikiri/Ikili
Giraffe	Atụ
Goose/Bush fowl	Ọkwa
Gorilla	Ọzọdịmgba
Grass cutter	Nchi
Guinea fowl	Ọgazị
Hippopotamus	Utobo
Hog	Ezi Ọhịa
Hyena	Edi/Nkịta Ọhịa
Iguana	Ngwere aghụ
Leopard	Agụ
Lion	Ọdụm
Lizard	Ngwere
Monkey	Enwe
Ostrich	Enyi nnụnụ
Owl	ikwikwi

Porcupine	Ebị ogwu
Wild rat	Ewii ala
Monitor lizard	Ụlor/Ụloh
Baby lizard	Ọgba nwantịtị
Rat	Òké
Scorpion	Akpị
Shrew	Nkapị/Nkakwụ
Snake	Agwọ
Sparrow	Nza
Squirrel	Ọsa/Ulili
Stork	Okpoko
Tortoise	Mbe
Turtle	Mbe mmiri
Viper	Ajụala
Wolf	Agụ ọwụrụ

12.3 Amphibians

Alligator	Aghụ
Cod fish	Okporoko
Crab	Nshịkọ
Crayfish	Ịsha
Crocodile	Aguiyi
Eel	Ebii iyi
Fish	Azụ
Frog	Awọ/Akiri
Goldfish	Azụ ọlaedo
Periwinkle	Ịsam
Snail	Eju/Ejule
Tilapia	Azụ asa
Toad	Mbara
Turkey	Torotoro

12.4 Birds (Nnụnụ)

Dove	Nduru
Eagle	Ugo
Egret	Chekeleke
Hawk	Egbe

Kite	Nkwọ
Ostrich	Enyi nnụnnụ
Peacock	Ekwuru ụlọ
Swallow (bird)	Nwa nza
Swift bird	Eneke ntịọba
Vulture	Udele
Weaver bird	Egule/nnụnụ ọka
Woodpecker	Ọtụkpọkpọ
Worm	Okpo

12.5 Insects, Bugs and Worms

Ant	Abịsị
Bedbug	Chịnchị
Termite	Akịka
Winged termite	Akụ
Bee	Aṅụ
Beetle	Ebeta/Ebe
Black Ant	Agbịsị
Butterfly	Ilokolo Ibuba
Centipede	Ọgbakụlụ
Cockroach	Ụchịcha
Cricket	Mbuzu/Mgbaja/Nte
Dragon fly	Tatambeneke
Earthworm	Ịdịde
Grasshopper	Ụkpala
House fly	Ijiji
Locust	Igwurube
Maggot	Ikpiri/Ikpuru
Millipede	Esu
Mosquito	Anwụ nta
Praying Mantis	Ogongono/Ngbogo
Spider	Ududo
Taylor Ant	Akpọlido/Akpịlịdo
Wasp	Ebu
White Ant	Arụrụ

12.6 The Gender of Some Animals

In Igbo language, there are countless different species and for each species there is a different or related name. This is especially the case for wild animals and a few domestic animals. However, to indịcate, whether we are talking about a male or a female of the species, sometimes we need a way of differentiating even further. In Igbo language separate terms are used for some animals to signify their gender. Most of the animals are distinguished using the term "*óké*" for masculine or "*nné*" for feminine.

The obvious examples are hens and roosters, but many other animals are gendered. If you'd like to find out the correct male and female names for these animals and many more, then check the list below. As you'll see, there is a repetition when it comes to these names, but there are still examples where you'll find a unique term for a specific animal.

Male	*Oké*	*Female*	*Nné*
Bear	Ebu	Sow	Nne ebu
Bull	Ebule	Cow/Heifer	Nne ebule
Roaster	Okeokpa	Hen	Nnekwu
Dog	Nkịta	Bitch	Nne nkịta
Drake	Ọbọgwụ	Duck	Nne ọbọgwụ
Drone	Oke aṅụ	Bee	Nne aṅụ
Fox	Nyanwuruede	Vixen	Nne nyanwuruede
Gander	Oke ọkwa	Goose	Nne ọkwa
Lion	Ọdụm	Lioness	Nne ọdụm
Peacock	Ekwuru ụlọ	Peahen	Nne ekwuru ụlọ
Ram	Ebule	Ewe	Atụrụ
Stag (Deer)	Ele	Doe/Hind	Nne ele
Stallion	Oke ịnyịya	Mare	Nne ịnyịya
Tiger/Leopard	Agụ	Tigress	Nne agụ
Male goat	Mkpị	Female goat	Nne ewu

Exercise

1. Write down the following domestic animals in Igbo words

a. Chicken ______________________

b. Cat ______________________

c. Dog ______________________

d. Goat ______________________

e. Turkey ______________________

2. Write down three wild animals in Igbo words

____

____

____

3. Mention four gendered animals in Igbo words.

____

____

____

____

4. What is the Igbo word for the following?

a. Woodpecker ______________________

b. Parrot ______________________

c. Goldfish ______________________

d. Tilapia fish ______________________

e. Snail ______________________

5. Match the following with appropriate Igbo words

(a). Aṅụ	Dragon fly
(b). Ebeta/Ebe	Locust
(b). Agbịsị	House fly
(d). Ilokolo Ibuba	Grasshopper
(e). Ọgbakụlụ	Earthworm
(f). Ụchịcha	Cricket
(g). Mbuzu/Mgbaja/Nte	Cockroach

(h). Tatambeneke	Centipede
(i). Ịdịde	Butterfly
(j). Ụkpala	Black Ant
(k). Ijiji	Beetle
(l). Igwurube	Bee

Chapter Thirteen

Ewumewu (Institution)

13.1 Family (Ezinụlọ) Aha ndị nọ n'ezinụlọ

Family, Friends and People

English	Igbo
Grandparents	nne na nna ochie
Grandfather	nna nna/nna Ochie
Grandmother	nne nna/nne Ochie
Parents	nne na nna
Son	nwa nwoke
First son	ọkpara
Daughter	nwa nwaanyị
First daughter	ada
Father	nna
Mother	nne
Brother	nwa nne m nwoke
Sister	nwa nne m nwaanyị
Uncle	nwanne nna/deede
Aunt	nwanne nne/daaada
Cousin	nwa nwanne nna/nne
Nephew	nwa nwoke nwanne m nwoke/nwaanyị
Niece	nwa nwaanyị nwanne m nwoke/nwaanyị
Child	nwa/nwatakịrị
Baby	nwa
Twins	ejima/ụmụ ejima
Children	ụmụaka
Grandchildren	ụmụ ụmụ

Boy	nwa nwoke
Girl	nwa nwaanyị
Man	nwoke
Woman	nwaanyị
Siblings	ụmụ nne
Older brother	nwa nne m nwoke nke nnukwu
Older sister	nwa nne m nwaanyị nke nnukwu
Younger brother	nwa nne m nwoke nta
Younger sister	nwa nne m nwaanyị nta
Young lady	agbọghọbịa
Young man	okorobịa
Relative	ikwunaibe
Elders	ndị okenye
Husband	di
Wife	nwunye
In-laws	ọgọ
My Mother-in-law	ọgọ m nwaanyị
My Father-in-law	ọgọ m nwoke
Friend	enyi
Boyfriend	enyi nwoke
Girlfriend	enyi nwaanyị
Old friend	enyi ochie
New friend	enyi ọhụrụ
Neighbor	onye agbataobi
Stranger	onye ọbia
Enemy	onye iro
Person	mmadụ
People	ndị mmadụ
Public	ọha mmadụ
Human beings	ụmụ mmadụ
Mr./Mister	maazị
Mrs.	oriakụ/odoziakụ
Widow	ajadu/nwaanyị Isimkpe
Orphan	nwa enweghi nne na nna
Boss	onyeisi

13.2 Relationship (Mmekọrịta)

Face to face	ihu na ihu
Laugh	ọchị
Nkem	mine
Thought	echiche
Romance	mmekọta ịhụnanya
Wedding	agbamakwụkwọ
Ring	ọla mkpịsịaka
Secret	ihe nzuzo
private	nke onye
security	nchekwaba
Love	ihụnanya
Peace	udo
Joy	Ọṅụ
Smile	amụ
Lies	okwu asị
Get up	kulie
Gift	onyinye
Promise	nkwa

13.3 Home, Home Items and Activity

Air Conditioner	ntụoyi
Alarm clock	ngụoge mkpọte
Backyard	azụ ụlọ
Basket	nkata
Bathroom	ụlọ ịsa ahụ
Bathtub	okpokoro ịsa ahụ
Bedroom	ime ụlọ
Bottle	karama/kalama
Box/Suitcase	igbe/akpati
Brush your hair	koo/vụọ isi gị
Brush your teeth	saa eze gị
Brushes	ǹha
Bucket	bọketi
Cabinet	kabineti
Candle	ori ọna/ederi/ọwa
Carpet	kapeeti

Chair	oche
Clock	elekere/ngụoge
Clothes peg/pin	njido ákwà
Clothesline	ụdọ nkowe ákwà
Coins	ego ígwè
Comb your hair	vọọ isi gị
Container	komkom
Cook	sie nri
Dance/music	egwu
Doll	nwa bebi
Door -	ụzọ/ọnụ ụzọ
Door Handle	aka ụzọ
Doormat	uteụzọ
Drawers	ukondọpụta
Dream	nrọ
Drink	mmanya
Dry off (body)	hichaa ahụ gị
Eat	rie
Electricity	ọkụ eletirik
Fan	akupe
First aid kit	ngwa enyemaka mbụ
Flashlight	ọkụ tọọchị
Flower	okooko
Get dressed	jikere
Get undressed	yipu uwe gị
Get up	kulie
Gift	onyinye
Go to bed	lakpuo ura
Hair dryer	ígwè nsa isi
Hangers	nkowe ákwà
Have a bath	jee saa ahụ
Heater	ígwè okpomọkụ
Iron your clothes	dee ígwè gị
House	ụlọ
Keyboard	ọyọrọmpịaka
Kitchen	usekwu
Lamp	oriọna

Laundry basket	nkata nsa ákwà
Laundry	ọsịsa ákwà
Lies	okwu asị
Light bulb	ọkụ
Listen to music	gee egwu
Make your bed	dozie àkwà ndịna
Mat	ute
Measuring jug	udu mmanye
Mop	ihe nhicha ụlọ
Phone	ekwe ntị
Piggybank	ikoego
Polish	ude akpọụkwụ
Pram/Stroller	ugbonwa
Room	ime ụlọ
Pressing iron	nde ákwà
Radio	ígwèozi/redio
Remote control	apịrị-atụọ
Rope	ụdọ
Scissors	m̀kpà
Serviette	akwụkwọ nhicha
Shampoo	shampu
Shave	kpụọ afụọnụ
Shower	saa ahụ/Ebe ịsa ahụ
Bowl	efere ịsa aka
Sink	ọ̀kụ̀ ịsa efere aka
Soap powder	ncha pọwụda
Soap	ncha
Soapy water	mmiri ncha
Soft	poko poko/nlo
Pillow	ihe ntụkwasa isi.
Wake up	teta/kulie n'ụra
Spice rack/shelf	uko ngwanri
Stairs	nkwa
Sticky tape	esondọkara
Stool	odorokwu
Straw (for sipping)	ụmị
Sweep the floor	zaa ụlọ

Table	tebul/nkwago/
Tap (for water)	pọmpụ
Telephone	ekwe ntị/ígwèokwu
Television	onyoonyo/televishịọn
Thought	echiche
Tissue paper	akwụkwọ nhicha/akwụkwọ mposi
Toilet	ụlọ mposi
Toothbrush	osisi nsa ézē
Toothpaste	ncha nhicha ézē
Towel	ákwà nhịcha ahụ
Toys	ngwa egwuegwu
Trash bag	akpa mkpofu ahịhịa/akpa mkpofu
Trash can	komkom mkpofu
Umbrella	nche mmiri
Vase	ite okooko
Wardrobe	ọbaákwà
Wash the dishes	saa efere
Wash your clothes	saa akwa
Wash your face	saa ihu/iru gị
Wash your hair	saa ntutu isi gị
Washing machine	ígwè nsa ákwà
Watch TV	kirie ihe oyoyo
Watch TV	kirie ihe oyoyo
Window	mbo/mpio
Door/way	ụzọ

13.4 Kitchen equipment/Cutlery (akụrụngwa Usekwu/Ngwanri)

A. Spoons, Forks, Lifters and Turners			
English	Igbo	Description	Image
Balloon Whisk	Ígwè e ji a akpaghari àkwá	Used to beat egg whites and light cake mixtures.	

Dessert Fork	Ngaji ngwụta/ngajị ézē	Used to eat pastries and cakes with.	
Electric Whisk	Ìgwè eletrik e ji akpaghari ihe nri siri ike.	Used to whisk heavier mixtures like cake mixtures.	
Fish Slice	Ngaji e ji eghe ihe	Used for lifting and turning over large items from a frying pan such as burgers.	
Ladle	Eku	A large spoon used for serving soups.	
Masher	Ígwè ngwakọ nduku	Used to mash potatoes and other vegetables.	
Measuring Spoon	Ngajị e ji atụ ihe	Used to measure ingredients like liquids and spices.	

Pasta Fork or Pasta Server	Nnukwu ngajị ézē	Used when preparing or serving various types of strand, ribbon or noodle pasta.	
Tongs	Tọns	For grasping, gripping and lifting food to turn or serve. Available in varying lengths with metal or silicone- coated ends.	
Spatula	Ngajị nkọcha	An everyday tool various shapes and lengths with a thin, flat end that slips easily under foods to turn, lift, and transfer to plates. Used for scraping mixtures from bowls.	
Strainer Ladle/Sieve	Nza	Used for lifting food from pans and serving food.	
Table Fork	Ngajị ézē	Used to mash food and to eat food with.	
Tablespoon	Ngaji tebul	Used for mixing and folding mixtures and for eating soups.	
Teaspoon	Ngajị tii	Used to taste food or mix sugar into tea/coffee.	

Wooden Spoon	Ngaji osisi	Used for mixing cakes and stirring hot mixtures on the hob of the cooker.	

B. Cutting Tools			
English	Igbo	Description	Image
Apple Corer	Mma apụl	Used to get the core out of whole apples.	
Bread Knife	Mma	Has sharp serrated teeth used for cutting and slicing bread.	
Butter Knife	Mma e ji ete bọta n'ihe	Used for spreading margarine or spreads and for using at table to eat.	
Chef's Knife	Mma e ji ebe anụ	Used for cutting and chopping meat and vegetables.	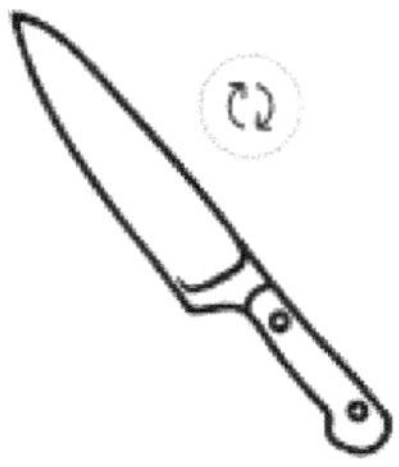

Chopping Board	Mbiri mbiri/Mbie mbie	A board used to chop over vegetables, fruit and meat.	
Slicer	Slaịza	From meats to cheeses, fruits and more, these tools make quick work of creating perfectly even uniformly shaped slices.	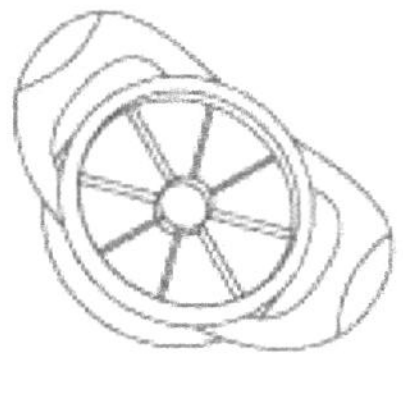
Grater	Nkwọ	Used to grate vegetables (carrots), fruit rinds (orange/lemon) and cheese.	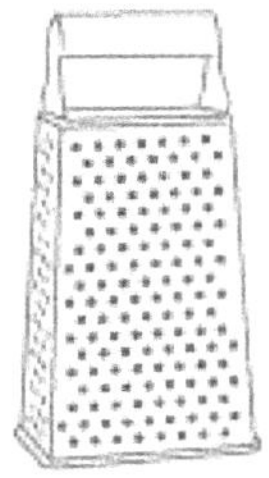
Jar Opener	Ọkpọọ komkom	Special tool reduces the force required to open lids by creating extra leverage to remove stubborn tops from jars of various sizes.	
Kitchen Scissors	M̀kpà	Used to cut/snip ham, herbs, and trim bacon.	

Palette Knife	Mma iko achịcha	Used for mixing pastry and cakes, folding, and lifting biscuits, scones and so on from baking sheets. Can be used also to spread chocolate/icing onto a cake.	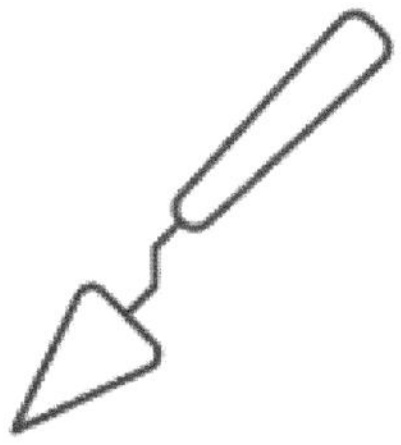
Pastry Cutters	Pastrị kọta	Used to cut pastry and biscuits into different shapes.	
Vegetable Knife	Mma	Used for peeling and cutting vegetables and fruit.	
Vegetable Peeler	Mma na-ebe nduku na ndị yiri ya.	Used to peel potatoes, other vegetables, and fruits.	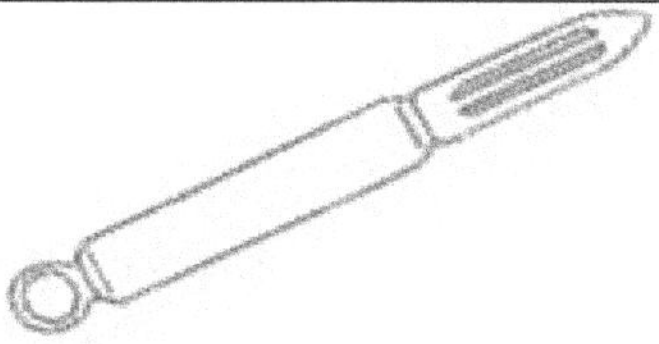
Vegetable Slicer	Obe otubeala	Used to slice vegetables such as tomatoes.	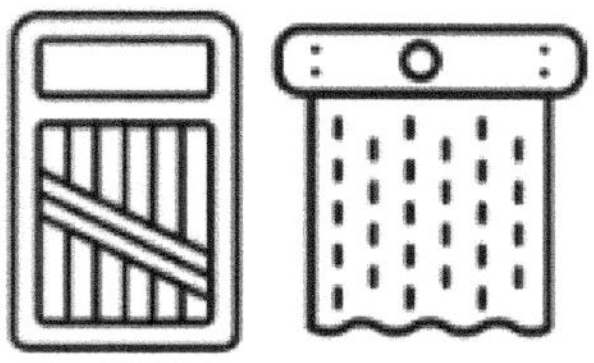
Zester	Mma oruma ilu	Used to remove the zest from lemons and oranges.	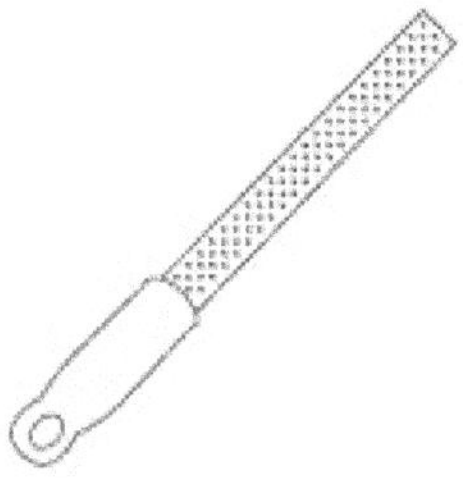

C. Tools for Shaping, Moulding and Glazing			
Pastry Brush/Basters	Pastrị e ji ete ihe	Used to glaze pastry with egg or milk or to grease tins.	
Piping Bag	Paịpịn bagị	Used for piping mixtures, such as icing over cakes.	
Rolling Pin	Osisi e ji eme pastrị	Used to roll out pastry.	

D. Tools for Separating			
Colander	Nza/Nyọ	Used to drain pasta, e.g. spaghetti or rice. Also used to wash in vegetables or fruit.	
Flour Dredger	Nyọ ntụ ọka	Used to sprinkle flour evenly while making and rolling out pastry.	

Salt & Pepper Mills	Igwe ngweri ose na nnu	Available in various shapes and heights, hand-powered or automatic, often with anti-corrosion grindịng mechanisms.	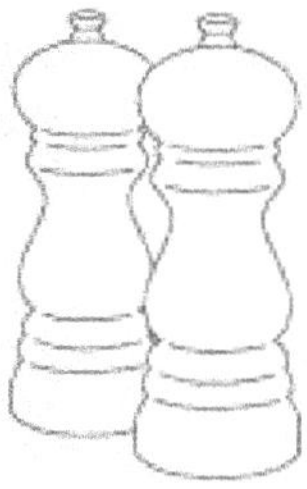
Food Mill	Ihe e ji azà ihe siri ike dị nro	The food mill produces purees by forcing soft solids through a perforated disk while leaving the hard solids behind.	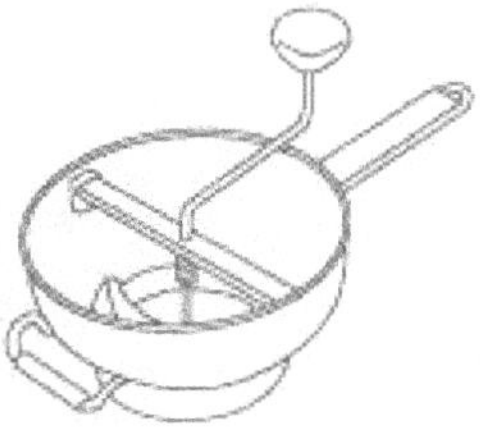
Garlic Press	Ihe e ji apa galik	A hinged device that provides leverage to quickly compresses garlic through perforations to ready it for cooking.	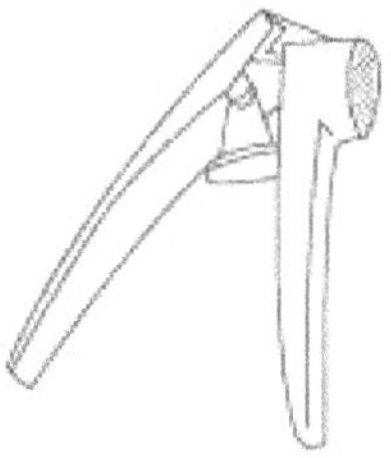
Orange Squeezer	Ihe e ji apa oruma	Used to squeeze oranges, lemons and grapefruit.	
Sieve	Nyọ	Used to sift flour and other dry ingredients.	
Skimmer	Skima	A long-handled tool with a perforated or mesh disk that serves to remove small unwanted bits from pots and pans.	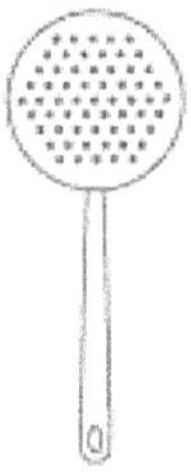

D. Plates, Bowls, Pots, and Measuring Equipment			
Can Opener	Ọkpọpe komkom	Used to open cans.	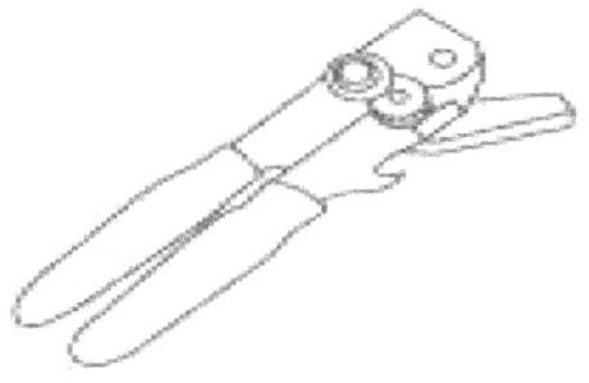
Food Cover	Okwuchi efere nri	Used to cover and protect food from insects.	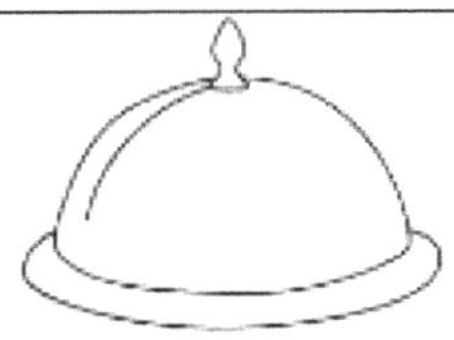
Measuring Jug	Udu Mmanye	Used to measure different liquids such as water or milk.	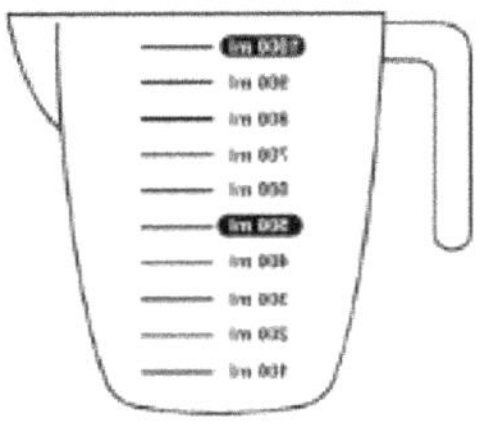
Jug	Itemmiri	a large container for liquids, with a narrow mouth and typically a stopper or cap.	
Mixing Basin	Efere ngwakọta nri	Used to mix ingredients together and for beating eggs.	
Mixing Bowl	Ọkụ ịgwakọta	Used to mix in cakes and pastry.	

Kitchen Scales	Ígwè e ji atụ ihe dị n'usekwu	Used to weigh dry ingredients accurately.	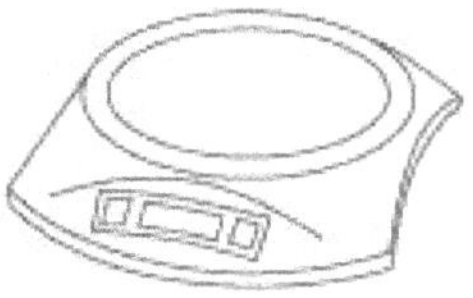
Thermometer	Tamometa	Indispensable tool takes the guesswork from roasting and lends itself handịly to a variety of other kitchen tasks.	
Timer	Ọgụ oge	Timer Every kitchen needs a timer. Two timers are even better. Digital timers are easy to read, while analog require no batteries.	
Plate	Efere	Used to serve food on.	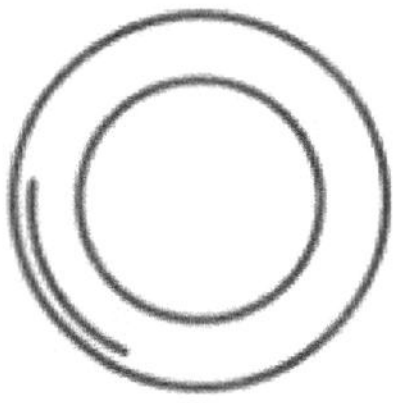
Cup and Saucer	Iko tii	Used to drink tea and coffee.	
Glass cup	Iko gụlasị/ndasị	Used to drinking liquids.	

Asparagus Pot	Ite asparagọs	Tall like a stockpot yet much more narrow. Its long, slender body is ideal for steaming asparagus, corn and tamales.	
Frying Pan	Agbada	Used to fry in shallow fat, such as meat or fish.	
Sauté Pan	Soten pan	Straight, high sides and a tight-fitting lid make this versatile pan useful for sautéing as well as browning foods.	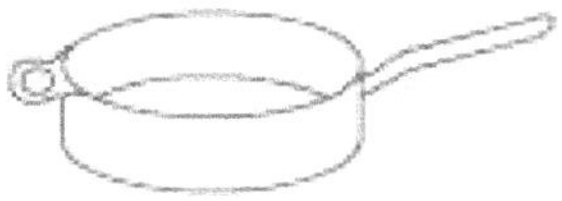
Milk Pan	Ite e ji esi mmiri ara	Used to heat milk and other liquids.	
Saucier	Sọsịa	A broad, bowl-shaped saucepan with gently curving sides that allow whisking, stirring, sautéing and reducing of sauces.	
Crepe Pan	Krep pan	Similar in shape to a skillet, the crepe pan has extra-low sides that allow for easing lifting, turning and transfer of crepes.	
Saucepan	Sọs pan	Used for cooking in custards, sauces. Also used to cook small quantities of food.	

Multicooker	Ite	A tall, straight-sided stockpot that includes inserts for pasta and more, expandịng its versatility beyond soups and stocks.	
Stockpot	Ite	Tall, straight-sided pot typically stainless steel and aluminum, designed for making stock but convenient for soups, pasta or chili.	
Fondue Pot	Ite	Traditional sets include a pot, long-handled forks, and base to hold fuel for keeping cheese, chocolate or oil hot for dipping.	
Pressure Cooker	Preshọ kuka	For faster cooking, this pot has an airtight lid that builds up pressure raising the internal temperature higher than otherwise possible.	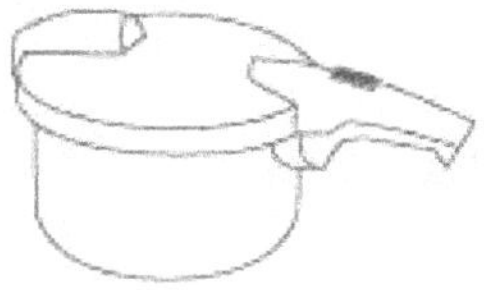
Double Boiler	Dọbụl bọịla	A standard saucepan with an insert that nests inside designed to gently cook delicate foods without fear of scorching.	
Griddle	Grịdụl	A stovetop pan with a flat surface used for cooking pancakes, burgers and more. Two-burner versions create a large cooking surface.	

Wok	Wọk	The indispensable pan of the Chinese kitchen with high, sloping sides and curved base, for cooking food quickly over high heat.	
Dutch Oven	Dọch ovun	Traditionally constructed of heavy cast-iron, this essential for one-pot meals has a flat bottom, high sides and a tight-fitting lid.	
Mortar and Pestle	Ikwe na Odo	A mortar and pestle is a set of two simple tools used to prepare ingredients or substances by crushing and grinding them into a fine paste or powder in the kitchen, laboratory, and pharmacy.	
Tea pot	Ite tii	a pot that is used for brewing and serving tea and that has a spout.	

E. Baking Tins and Pans			
Baking Tray / Cookie Sheet	Bakin tre/Koki shiiti	Used to bake Swiss rolls and some small cakes.	

Cake Tin	Komkom keki	Used for making flans and quiches.	
Cooling Rack	Kulin rak	Used to cool over biscuits, cakes etc. after they are removed from the oven.	
Loaf Tin	Komkom achịcha	Used to bake cakes and breads.	
Muffin Tray	Mufin tre	Used for baking small cakes and tarts/ muffins.	
Roasting Dish/ Roasting Pan	Ite na-ahụ ihe	A sturdy pan essential for roasting chicken, turkey, ham, beef and more. Often includes a V-shaped rack, a nice bonus.	
Skewer	Skiwa	Used to test cakes, to see if they are ready.	
Measuring Cups	Iko e ji ámà ihe	Every kitchen should have two types of measuring cups and spoons for measuring both liquid and dry ingredients.	
Grill Pan	Ite e ji eghe ihe	Grill pans have a raised grid or ridges that leave dark grill marks on the surface of steaks, vegetables, sausages or other foods.	

Casseroles	Efere ọkụ	Often larger and deeper than a typical baking dish, a casserole lets you take its namesake dish easily from oven to table.	
Skillet	Agbada	A shallow frying pan with flared sides available in a variety of sizes and materials from cast iron to stainless steel.	
Egg Poacher	Ígwè eji esi a	A metal insert with cavities that fit a cracked egg. It sits in a covered saucepan, keeping eggs perfectly shaped as they cook.	
Oven mitts	Mwonaka nhọtụ	a thermal insulated glove or mitten usually worn in the kitchen to protect the wearer's hand from hot objects.	
Funnel	Ọgbakwụ	a tube or pipe that is wide at the top and narrow at the bottom, used for guiding liquid or powder into a small opening.	

F. KITCHEN APPLIANCES & UTENSILS LIST			
Stove or cooking range	Ekwu	an apparatus for cooking or heating that operates by burning fuel or using electricity.	
Mixer or food processor	Ígwè na-agwọkọ nri	an electric kitchen appliance used for chopping, mixing, or pureeing foods.	
Grinder	Ígwè na-akwọri nri	kitchen appliance for mincing (fine chopping) and/or mixing of raw or cooked meat, fish, vegetables or similar food.	
Refrigerator with freezer capacity	Ígwè njuoyi	kitchen equipment that uses electricity to preserve food at a cold temperature:	
Microwave or convection oven	Igbe ndakwa	a small oven that cooks or heats food very quickly. Instead of the electric or gas heat that a regular oven uses, a microwave heats.	

Dishwasher	Nsaefere	a machine that is used to clean dishware, cookware, and cutlery automatically.	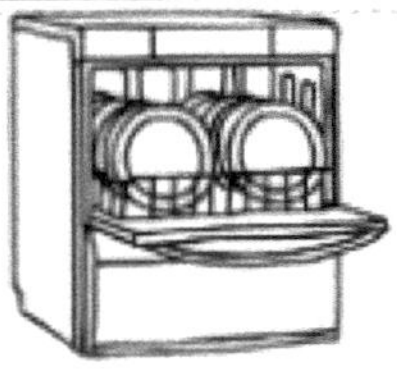
Water Purifier	Ígwè na-asacha mmiri	An equipment that removes undesirable chemicals, biological contaminants, suspended solids, and gases from water.	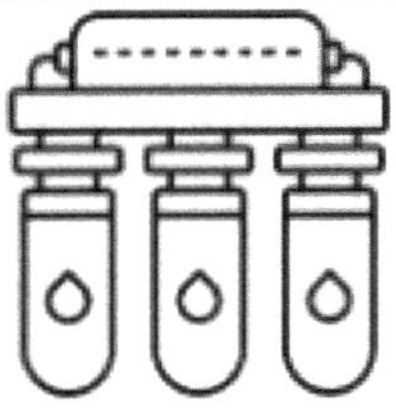
Toaster or Grill sandwich maker	Ọhụ achịcha	a small electric appliance that uses radiant heat to brown sliced bread into toast	
Induction stove	Ekwu	A stove that uses a copper coil underneath the cooking surface to generate electromagnetic energy.	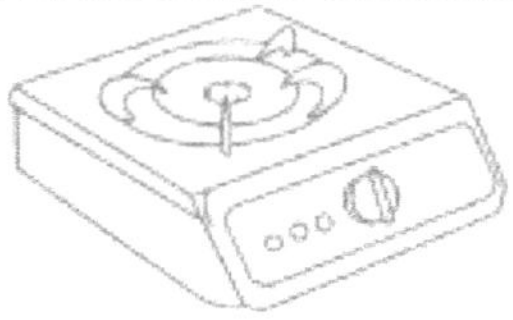
Coffee maker	Ígwè na-eme kọfị	an appliance that pushes hot water through grinded coffee beans to create coffee.	
Electric Kettle	Ite mmiri ọkụ	an electric container for boiling water,	
Rice cooker	Ígwè na-esi osikapa	an electric container for cooking rice,	

Juicer	Ígwè na-amịpụta mmiri mkpụrụ osisi	a squeezer with a conical ridged center that is used for squeezing juice from citrus fruit.	
Electric blender	Ígwè na-akwọri nri	an electric mixing machine used in food preparation for liquefying, chopping, or pureeing.	
Vegetable Chopper	Mbiri mbiri/Mbie mbie	kitchen appliance that is used to chop vegetables with ease.	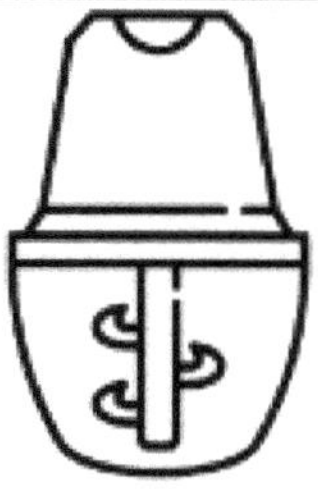
Hand mixer for cake batter mixing	Ígwè e ji agwakọ keki bata	an electric, handheld mixer convenient for quick tasks and combining smaller batches of ingredients.	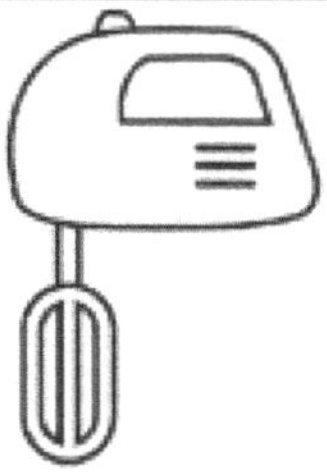
Air fryer	Ígwè ejighi mmanụ eghe ihe	an airtight, usually small electrical appliance for quick cooking of foods by means of convection currents circulated rapidly by a fan.	
Barbeque grill	Ígwè babiku	a device that cooks food by applying heat from below.	

Teapot	Ite tii	a pot that is used for brewing and serving tea and that has a spout.	
Fridge	Njuoyi/Igbeoyi	A fridge is short for refrigerator, that giant kitchen appliance that keeps food cold.	
Matches	Mkpọ ọkụ	a flammable material tipped with a chemical substance that produces fire when rubbed on a rough or chemically prepared surface.	

13.5 Outdoor, DIY and Electronics

Birthday	Ụbọchị a mụrụ onye
celebration	Mmemme/Emume
Playground	Ama egwuregwu
Park	Ebenọkọta
Hammer	Otutu
Plant	Ihe ọkụkụ
Rattle	Ọyọ
Keys/Padlock	Igodo
Mirror	Enyo/Ugegbe
Money	Ego
Nail	Ntu
Parcel/package	Ngwungwu
Dance/music	Egwu
Drink	Mmanya
Eatry	Ụlọ nri
Eyeglasses/Spectacles	Enyoanya/Ugegbeanya
Battery	Batrị
Camera	Enyonseta
Cellphone	Ekwentị

Charger	Chaja
Computer	Kọmputa
Electric fan	Akupe Eletriki
Electricity	Ọkụ Eletirik
Headphones	Ekweisi
Heater	ígwè okpomọkụ
Heater/Radiator	Ntụọkụ
Keyboard	Ọyọrọmpịaka
Remote control	Apịrị-atụọ
Tablet	Emetụọzaa
Sewing kit	Ngwa ịkwa ákwà
Thread	Eriri
Zip/Zipper	Mkpọchi uwe
Button	Mkpọchi
Needle	Aga
Pin	Ntụtụ
Razor Blade	Agụba

13.6 School (Ụlọ Akwụkwọ)

School and Activities (Ụlọ Akwụkwọ na ihe omume)

Education:

Alarm clock	Ngụoge mkpọte
Backpack	Akpa-azụ/Akpa ubuaka
Sticky tape	Esondọkara
Ball	Bọọlụ/Ọkpọle
Book	Akwụkwọ
Bookshelf	Ukoakwụkwọ
Chair	Oche
Chalk	Nzu Odide ihe
Calculator	Ígwè mgbakọ
Climber	Ihe nrigo Ụmụakwụkwọ
Computer	Kọmputa
Crayons	Kreyọn
Desk	Oche ndebe akwụkwọ
Dictionary	Akwụkwọ nkọwa
Eraser	Nchicha
Glue	Eso/Gluu

Letters	Leta
Lunch box	Igbe nri ehihie
Markers	Akara odide
Numbers	Ọnụọgụgụ
Newspaper	Akwụkwọ ozi
Notebook	Akwụkwọ ndetu
Page	Ihuakwụkwọ
Paint brush	Iheodide agba
Paint/Color	Agba/Kọlọ
Paper towel	Akwụkwọ nhicha
Paper	Mpempe akwụkwọ
Papers	Akwụkwọ
Pen	Mkpịsịuli
Pencil	Mkpịsịodide
Printer	Ígwè mbipute
Pupils	Ụmụakwụkwọ
Puzzle	Ihe mgbagwoju anya/Ihe nchewami echiche
Ruler	Oseahịrị
School bus	Ụgbọala ụmụakwụkwọ
School	Ụlọ akwụkwọ
Science and Technology	Nkanụzụ
Scissors	Mkpà
Sharpener	Mpịcha
Shapes	Odịdị
Shoe	Akpụkpọ ụkwụ
Student	Nwa/Nwata akwụkwọ
Swing	Ihe nfeghari ụmụakwụkwọ
Table	Tebul
Teacher	Onyenkuzi
Test Result	Akwụkwọ azịza ule
Toys	Ihe egwuregwu
Univeristy	Mahadum

13.7 Health and Wellness

Health/Wellness:

Accessible	Ụzọ mbanye
Ache	Ahụ mgbu

Syrups	Ọgwụ mmiri
Injection/Shot	Ntụtụ
Tablets	Mkpụrụ ọgwụ
Addiction	Mmara ahụ
Addictive	Ihe mmara ahụ
Alcohol	Mmanya na-aba n'anya
Allergy	Nke ahụ na-asọ
Appetite	Agụụ
Aspirin	Aspirin
Attending doctor	Dọkịta
Bed rest	Ezumike nke àkwà
Blood test	Ule ọbara
Blood	Ọbara
Bone	Ọkpụkpụ
Broken	Mgbaji
Bruise	Ọnya
Caplet/tablet	Mkpụrụ ọgwụ
Cast	Nkedo (Ọkpụkpụ)
Clean	Ọcha
Clinic	Ụlọọgwụ
Cold	Oyi
Consulting doctor	Dọkịta anajụ ese
Cough	Ụkwara
Crutch	Klọch
Cut	Mmeru ahụ
Deaf	Ntiike/ Ntịochichi
Dumb	Ogbi
Dentist	Dọkịta ézē
Diarrhea	Afọ ọsịsa
Diet	Nri ahụike
Dizzy	Anya ajụ
Duty doctor	Dọkịta nọ ọrụ
Effervescence tablet	Mkpụrụ ọgwụ na-agbọ ụfụfụ
Examination	Nnyocha ahụ
Exercise	Mmegharị ahụ
Eye drops	Ihe ntụ n'anya
Eye exam	Nnyocha anya

Face mask	Ihe mkpuchi ihu
Family doctor	Dọkịta ezinụlọ
Fever	Ahụ ọkụ
Typhoid	Ịba
First aid	Enyemaka mbụ
Flu	Ọ̀kponọ́hà
Headache	Isi ọwụwa
Indigestion	Afọ mgbu
Infection	Ọrịa na-efe efe
Injection	Ọgwụ ọgbụgba
Injury	Mmerụ ahụ
Lotion	Ude mmiri
Madness	Ara
Massage	Ịhịa aka n'ahụ
Medication	Ọgwụ
Muscles	Anụ́ àhụ́
Nurse	Nọọsụ
Oral rinse	Ịgba ịtụcha
Pain	Ụfụ/mgbu
Painful	Na-egbu mgbu
Pharmacist	Ọ̀kụ́ ọ́gwụ̀
Powder	Nzu otite/Pọwụda
Prescribe	Inye ọgwụ
Prescription	Ndepụta ọgwụ
Rash	Ọkọ
Sense	Akọ
Stamina	Ngwusike
Shot	Ịgba ọgwụ
Smallpox	Kịtịkpa
Measles	Arụbara bara
Sneeze	Uzere
Sore	Ọnya
Stretcher	Iheibummadụ
Surgeon	Dọkịta na-awa ahụ
Vacation	Ezumike/nzumike
Virus	Nje
Vomit	Agbụọ

Waiting room	Ebe/ụlọ nchere
Yellow fever	Ịba anya odo
Others	Ndị ọzọ
Are you okay?	Ị dịkwa mma?
I am sick	Arụ adịghị m ike
I need a doctor	Achọrọ m dọkịta
Help	Enyemaka
Call the ambulance	Kpọọ ambulans
Call the police	Kpọọ ndị uwe ojii
Ambulance	Ambụlans
Doctor	Dọkịta/Dibịa oyibo
Hospital/Clinic	Ụlọọgwụ
Pharmacy	Ebe a na-ere ọgwụ
Stomachache	Afọ mgbu

13.8 Traditional Government (Gọọmentị Ọdịnala)

Crime and punishment

Witness	Onye akaebe
Voter's card	Akwụkwọ ntụnye aka
To cool	Iju oyi
Corpse	Ozu
Revenge	Mmegwara/Mmekwụrụ
Vote	Ntuliaka
Suspect	Onye a na-enyo enyo
State government	Gọọmentị Steeti
Queen	Lọlọ/Eze nwaayị
Prison	Mkpọrọ
Princess	Adaeze
Prince	Nwa eze
President	Onyeisiala
Politician	Ndị ndọrọndọrọ ọchịchị
Police officer	Onye uwe ojii
Local government	Gọọmentị ime obodo
King	Ézè
Judge	Ọka ikpe
Jail	Nga
Handcuffs	Ihe ntuchi aka

Gun	Égbè
Government	Gọọmentị
Footprint	Nzọụkwụ
Greedy person	Onye anya ukwu
poverty	Ụbịam
Fingerprints	Nzọaka
Federal government	Gọọmentị etiti
Election	Nhọpụta
Detective	Onye na-achọpụta ihe
Defense attorney	Onye ọka ikpe na-agbachitere
Defendant	Onye na-agbachitere
Court reporter	Onye nta akụkụ ụlọ ikpe
Court	Ụlọ ikpe
Confiscate	Ntukpu
Break/yank	Ịgbaji
Scam	Wuru wuru/wayo
Chisel/Grind	Ikpọchapụ/ịkwọbi.
Bribe	Aka azụ
Whisper	Izu
Confusion	Mgbagwojuanya
Forgiveness	Mgbaghara
Fight	Ọgụ
Fraud	Wayo
Swindle	Nghọgbu
Cry	Ákwá
Law	Iwu
Wrongdoing	Mmebi iwu
Offense/breaking the law	Ịda iwu
Badge	Baajị
Accused	Onye eboro ebubo
Phlegm	Ajọ asọ/ọnụ mmiri
Gold digger	Ọchanganogo
Troublemaker	Ọchọokwu

Exercise

1. Write down the term of following family members in Igbo words

a. Siblings ____________________

b. Grandfather ____________________

c. Aunt ____________________

d. Cousin ____________________

e. Uncle ____________________

2. Write down the gender term of following family members in Igbo words

a. Husband ____________________

b. Wife ____________________

c. Daughter ____________________

d. Son ____________________

e. Sister ____________________

3. Mention four household items you know in Igbo words.

____

____

____

____

4. What are the Igbo words for the following?

a. Washing machine ____________________

b. Wash your hands ____________________

c. Wash your face ____________________

d. Watch TV ____________________

e. Wash your hair ____________________

5. Match the following with appropriate Igbo words

(a). Onye nta akụkụ ụlọ ikpe	Accused
(b). Ụlọ ikpe	Badge
(c). Ntukpu/Ntuchi	Confusion
(d). Ịgbaji	Whisper

(e).Wuru wuru/Wayo	Break/Yank
(f). Ikpọchapu/Ịkwọbi.	Scam
(g). Aka azụ	Bribe
(h). Izu	Chisel/Grind
(i).Mgbagwojuanya	Confiscate
(j). Baajị	Court reporter
(k). Onye eboro ebubo	Court

Chapter Fourteen

Lifestyle and Occupation (Ejirimara na Ọrụaka)

14.1 Place, Travel and Location Name (Ebe, Njem na Aha ebe)

Liberia	obodo Liberia
Nation	ala mba
National	nke Ala
International	ofesi
Passport	akwụkwọ njem
Travel	njem
City	obodo
Town	obodo
Village	ime obodo
Community	ogbe
Foreign currency	ego oyibo/ego ofesi/ego mba ọzọ
Place	ebe
Land	ala

12.2 World Language

Chinese Language	asụsụ ndị China
Dutch	asụsụ ndị Jemanị
English Language	asụsụ ndị Bekee
French Language	asụsụ ndị French
Greek Language	asụsụ ndị Greece
Hausa Language	asụsụ ndị Awụsa
Hindị Language	asụsụ ndị Indịa
Igbo Language	asụsụ ndị Igbo

Italian Language	asụsụ ndị Italy
Japanese Language	asụsụ ndị Japan
Portuguese Language	asụsụ ndị Portugal
Russian	asụsụ ndị Russia
Spanish	asụsụ ndị Spain/Panya
Yoruba Language	asụsụ ndị Yoroba

14.3 Profile/Correspondence:

Email	Imel
Identification	Ifejimmaragị
Date	Ụbọchị
Number	Nọmba/Ọnụọgụgụ
Edit	I meghari/Imeghari
Pending	Ka na-abịa/Kanabia
System	Sistemu/Orunotu
Letters	Leta

14.4 Travelling terms.

Transportation	Njem
Airplane	Ụgbọelu
Ship/Boat	Ụgbọmmiri
Cash/Money	Ego
Change	Mgbawe
Coins	Ego ígwè
Cab/Taxi	Taazi
Airport	Ọdụ ụgbọelu
Boarding Pass	Akwụkwọ e ji aba ụgbọelu
Boat	Ụgbọmmiri
Bus	Ụgbọọha/Bọọsụ
Hotel	Ụlọ oriri na nkwari ahụ
Motocycle	Ọgba tumtum
Reservation	Ebe ọnụnọ
Restaurant	Ụlọ oriri na ọṅụṅụ
Train	Ụgbọoloko
Transaction	Azụmahịa
Car	Ụgbọala
Car park	Ọba ụgbọala

14.5 Travel Conversation:

What do you have for your travel?	Kedụ ihe iji eme njem?
I have my passport.	Enwere m akwụkwọ njem m.
Do you have a place to spend the night?	I nwere ebe ị ga-arahụ n'abalị a?
I have a reservation.	I nwere m ebe m ga-arahụ.
Do you have rooms available/remaining?	I nwere ime ụlọ nwere ohere/fọrọnụ?
Yes, we do. Do you have any preferences?	Ee, anyị nwere. O were nke ị kara chọọ?
I would like a non-smoking room.	Achọrọ m ebe adịghị ese awụrụ.
How much does it cost per night?	Ego ole bụ otu abalị?
I am hungry. Where is the restaurant?	Agụụ na-agụ m. Kedụ ebe ụlọ oriri unu dị?
Server/Waiter	Onye mbunnye nri
How much is this?	Ihe a abụ ego ole?/Ego ole bụ ihe a?
What is this?	Gịnị bụ ihe a?
It is soup and bread.	Ọ bụ ofe na achịcha.
Do you want to have one?	O were nke ị chọrọ ya?
Yes, please!	Ee! Biko, butere ya.

14.6 Career and Occupation

List of occupations

English	**Igbo**
Accountant	Onye Mgbakọ Ego
Actor	Nwoke Na-Eme Ihe Nkiri
Actress	Nwaanyị Na-Eme Ihe Nkiri
Architect	Ọtụpụta Ụkpụrụ Ụlọ
Artist	Omenkà
Attorney	Onye Ọka Iwu
Author	Odee Akwụkwọ
Banker	Onye Ọrụ Ụlọ Akụ
Barber	Ọkpụ Isi
Bartender	Ore Mmanya
Blacksmith	Ọkpụ Ụzụ
Builder	Onye Na-Ewu Ụlọ
Businessman	Oji Ego Achụ Nta Ego
Butcher	Ogbu Anụ
Cashier	Onye Nnata Ego
Chef	Osinri

Coach	Onye Nkuzi
Comedian	Ome Ihe Ọchị
Construction Worker	Onye Ọrụ Ụlọ/Ụzọ
Cooworker	Onye Ọrụ
Dentist	Dọkịta Ézē
Designer	Onye Mmebe/Ọkwa Akwa
Developer	Onye Nrụpụta Ihe
Dietician	Dibịa Nri/Dọkịta Nri
Doctor	Dibịa Bekee/Dọkita Oyibo
Economist	Onye Okwekọ Ego
Editor	Onye Ndezi Akwụkwọ
Electrician	Onye Ntinye Ọkụ
Engineer	Ịnjinịa
Farmer	Ọkụugbo
Filmmaker	Omeihenkiri/Onye Na-Eme Ihe Nkiri
Fireman	Omenyụ Ọkụ/Ọgbanyụ Ọkụ
Fisherman	Ọkụazụ
Flight Attendant	Onye Na-Eje Ozi Ụgbọ Elu
Football Player	Onye Egwuregwu Bọọlụ
Gardener	Onye Ndozi Ubi
Hairdresser	Omeisi/Odozi Isi/Omezi Isi
Housekeeper	Onye Na-Elekọta Ụlọ
Hunter	Dinta
Investigator	Onye Nchọpụta
Journalist	Onye Nta Akụkọ
Judge	Onye Ikpe
Lawyer	Ọka Iwu
Magician	Onye Anwansi
Midwife	Ọhọnwa
Miner	Ogwupụta Mmanụala
Musician	Ọgụ Egwu
Nurse	Nọọsụ
Nutritionist	Dibịa Na-Akọwa Nri
Optician	Dibịa Anya/Dọkịta Anya
Painter	Onye Na-Ete Agba
Pharmacist	Omepụta Ọgwụ
Photographer	Onye Na-Ese Foto

Physician	Dibịa/Dọkịta
Pilot	Ọkwọ Ụgbọelu
Plumber	Onye Ọrụ Ígwè Mmiri
Police Officer	Onye Uwe Ojii
Politician	Onye Ndọrọ Ọchịchị
Professor	Onye Ọkammụta
Psychologist	Onye Ọka Mmụta Uche
Receptionist	Onye Na-Anabata Ndị Ọbịa
Salesperson	Onye Na-Ere Ahịa
Scientist	Ọkammụta Sanyensi
Secretary	Ode Akwụkwọ
Shephard	Onye Ọzụ Atụrụ
Soldier	Onye Agha
Student	Nwata Akwụkwọ
Surgeon	Dọkịta Na-Awa Ahụ
Tailor	Ọkwa Akwa
Teacher	Onyenkuzi
Trainer	Onyenkuzi
Native Doctor	Dibịa Anya Nzu
Translator	Onye Ntụgharị Okwu
Undertaker	Onye Na-Ebu Ozu
Veterinarian	Dibịa Umu Anumanu
Waiter	Nwoke Na-Ebu Nri
Waitress	Nwaanyị Na-Ebu Nri
Welder	Ọgba Ígwè Ọkụ
Writer	Ode Akwụkwọ

Exercise

1. Write down the following travel term in Igbo words

a. Email ______________________

b. Passport ______________________

c. Village ______________________

d. Airport ______________________

e. Airplane ______________________

2. Write down the following occupation in Igbo words

a. Editor ______________________

b. Actor ______________________

c. Designer ______________________

d. Barber ______________________

e. Doctor ______________________

3. What do you understand by the following eat-out conversation?

(a). Ihe a abụ ego ole?

____

(b). gịnị bụ ihe a?

____

(c). ọ bụ ofe na achịcha

____

(d). ee! Please butere ya.

____

4. What are the Igbo words for the following?

a. Playground ______________________

b. Celebration ______________________

c. Park ______________________

d. Birthday ______________________________

5. Match the following with appropriate Igbo words

(a). onye ndozi ubi	Painter
(b). onye na-elekọta ụlọ	Nutritionist
(c). onye ikpe	Musician
(d). onye ọka iwu	Nurse
(e). onye anwansi	Housekeeper
(f). onye egwu	Judge
(g). nọọsụ	Magician
(h). dibịa na-akọwa nri	Optician
(i). dibịa anya/dọkịta anya	Lawyer
(j). onye na-ete agba	Gardener

About the Author

Elisha O. Ogbonna hails from Enugu in Igbo land, where Igbo is his mother tongue. His journey with the Igbo language began at the age of nine when he started on reading Igbo books and the Akwụkwọ Nsọ, aiming to assist his late parents who were unable to read or write in Igbo. This early exposure to language sparked his passion for teaching and translating English expressions into Igbo, a skill he honed throughout his high school years. Elisha's dedication and diligence is reflected in his outstanding performance in Igbo language in the West Africa Examination during his secondary education.

As he progressed through his academic journey, Elisha actively engaged in translation and interpretation work, contributing his expertise in both traditional and religious contexts. Even during his time as a teacher, he took on the responsibility of instructing adult learners in the intricacies of the Igbo language. His enthusiasm for sharing his knowledge led him to establish a platform dedicated to aiding those interested in learning Igbo.

Looking ahead, Elisha is excited about his forthcoming book tailored for advanced learners, signaling his commitment to advancing the proficiency of Igbo language enthusiasts. With his wealth of experience and unwavering dedication, Elisha remains a beacon of support and guidance for anyone embarking on their journey to master the rich and vibrant Igbo language.

Other Books

Comprehensive Igbo Language: *A Contemporary Guide for Beginners And Intermediate Learners*

Comprehensive Igbo Language provides thorough and effective ways to learn and master the skills you need for Igbo communication, reading, and writing. Unlike every other Igbo language book, it contains a guide to pronunciation and a detailed explanation of pitch accent marking and syllable formation. Syllables are often considered the phonological "building blocks" of words. This book helps you in-depth guide on a unit of pronunciation and the formation of the whole or a part of a word.

It has a solid grounding in grammar basics and a progressive approach to learning Igbo in the manner in, which people naturally acquire language. You will be introduced to the most essential structures that will help you communicate in the Igbo language almost immediately, It uncovers the most common concepts that govern verbs and sentences used in everyday communication.

The comprehensive Igbo Language presents a unique and easy structure to master essential, grammar, verbs, and vocabulary. It contains words and names used for family, friends, people, plants, animals, foods, time, colors, days, nature, occupation, and so on. It also has exercises to help you test what you've learned and measure your progress.

Advanced Igbo Language: *A Simplified Guide to Igbo Orthography, Phonology, Morphology and Lexicology*

This straightforward and comprehensive book deals with encamping features of Igbo linguistics in a manner that is new, exciting, and revealing to both speakers and learners.

It is a well-organized and systematic material that started from the foundational principles of language study. This excellent book presents Igbo orthography, phonemes: phonemic analysis: phonetic transcription: place of articulation: prefixes: prosody: segmental phoneme: morphemes: class-changing: class-maintaining: word formation, lexeme, synonyms, antonyms, ambiguities, and solution to ambiguities in Igbo language.

This book should form a useful textbook for high and tertiary institutions: and private establishments where Igbo language is learned and taught.

Standard Igbo Language: *A Complete Guide to Learning and Speaking Igbo Language*

"Standard Igbo Language" is an expanded edition of "Comprehensive Igbo Language." It is comprehensive guide designed to empower learners to master the intricacies of standard Igbo language. It unlocks a deeper understanding of Igbo grammar. Starting with an exploration of the Igbo alphabet and pronunciation, readers are introduced to the foundational elements of the language, including vowels, consonants, and tonal accents. Through engaging exercises and practical examples, learners develop a strong foundation in Igbo phonetics and orthography.

The book takes readers on a journey through the essential components of the Igbo language. As readers progress through the chapters, they delve into a diverse array of topics, from common verb phrases and simple conversation to parts of speech, tenses, and punctuation. Each chapter offers insights into the nuances of Igbo grammar and syntax, accompanied by interactive exercises to reinforce learning.

Beyond language proficiency, "Standard Igbo Language" offers a holistic view of Igbo culture, with chapters dedicated to numerals, shapes, colors, nature, animals, and social institutions. Readers gain a deeper appreciation for the word usage and richness, as they explore the vocabulary and concepts that shape everyday life in Igbo society.

With its comprehensive and practical approach, "Standard Igbo Language" serves as an indispensable resource for learners of all levels, from beginners to advanced speakers. Whether you're seeking to reconnect with your Igbo heritage or embark on a journey of language learning, this book is your guide to mastering the language and embracing the vibrant spirit of Igbo culture.

Igbo Linguistics: *An Expanded Guide To Igbo Orthography, Phonology, Morphology & Lexicology*

"Igbo Linguistics: An Expanded Guide to Igbo Orthography, Phonology, Morphology, and Lexicology" offers a comprehensive exploration of the linguistic landscape of the Igbo language in an extensive form, providing readers with a deep understanding of its structure, sound system, word formation, and vocabulary.

The book starts with Igbo Orthography, tracing its development from traditional systems like Nsibidi to the standardized writing used today. Readers are introduced to the diverse Igbo orthography, including vowel and consonant sounds, spelling rules, and punctuation conventions.

It continued with Phonology and Phonetics, examining the sounds of Igbo and their articulation. From the classification of phonemes to the structure of syllables and the mechanics of speech production, readers explore the fundamental elements of Igbo phonology. Practical exercises reinforce learning, allowing readers to refine their pronunciation and phonetic transcription skills.

Further, the exploration extends to the Morphology of Igbo Linguistics, unraveling the structure and formation of words in the language. Readers delve into the nature of morphemes, the types of morphological processes, and the intricacies of word formation. In Lexicology, it examines the semantic relationships and lexical categories of words.

"Igbo Linguistics" serves as an indispensable resource for students, educators, and enthusiasts seeking to deepen their understanding of Igbo language. Through its accessible approach and comprehensive coverage, the book equips readers with the knowledge and skills to engage meaningfully with the linguistic heritage of the Igbo people. Whether you're a beginner embarking on your language learning journey or an advanced learner seeking to refine your skills, "Igbo Linguistics" is your guide to mastering the intricacies of this vibrant and dynamic language.
Through detailed explanations and exercises, learners gain proficiency in reading and writing Igbo with accuracy and fluency.

Igbo Syntax: *The Structure And Rules That Govern Igbo Phrases And Well-Formed Sentences*

Igbo Syntax is a comprehensive guide that delves into the intricate workings of Igbo grammar, offering readers a deep understanding of how phrases and sentences are constructed in the language. From the foundational concepts of syntax to the advanced principles of transformational grammar, each chapter of the book provides a thorough exploration of the key elements that shape Igbo linguistic structure.

The beginning chapters introduce to readers the basic units of Igbo syntax, including words and clitics, laying the groundwork for a comprehensive understanding of the language's grammatical framework. It then proceeded with exploring word order typology and syntactic categories, gaining insight into the different types of word groups and the hierarchical structure of Igbo sentences. Through practical exercises, learners develop proficiency in identifying and analyzing the syntactic components of Igbo language.

The middle chapters focus on the lexicon and phrasal categories, examining the diverse range of noun phrases, adjective phrases, and prepositional phrases found in Igbo discourse. Readers learn how these phrasal categories contribute to the overall structure and meaning of sentences. Toward the end, readers delve into Igbo phrase structure rules, transformational grammar, and grammatical functions, gaining insight into the underlying principles that govern sentence formation and communication in Igbo.

Igbo Semantics: *A Comprehensive Exploration Of Simple And Complex Meanings In Igbo Language*

"Igbo Semantics" delves deep into the intricate world of meaning within the Igbo language, offering readers a comprehensive exploration of semantic structures and relationships. From the nuances of word meanings to the complexities of sentence interpretation, this book provides a thorough understanding of how meaning is conveyed and understood in Igbo communication.

Readers will embark on a journey through the semantic landscape of Igbo, uncovering the rich tapestry of meanings embedded within its vocabulary. Through detailed analyses and insightful explanations, the book examines the various semantic domains present in Igbo, including lexical semantics, compositional semantics, and discourse semantics.

Drawing on linguistic theory and empirical research, "Igbo Semantics" explores key topics such as semantic ambiguity, lexical relations, and semantic roles. Readers will gain valuable insights into how meaning is constructed through the interaction of words, phrases, and discourse contexts in Igbo language use.

Whether you are a student, researcher, or language enthusiast, "Igbo Semantics" offers a valuable resource for deepening your understanding of the intricacies of meaning in Igbo communication. With its accessible approach and comprehensive coverage, this book is an essential companion for anyone interested in exploring the fascinating world of Igbo semantics.

Index

www.ingramcontent.com/pod-product-compliance
Lightning Source LLC
Chambersburg PA
CBHW042103160726
48295CB00017B/972